Helmut Pfeifer

Power ja, Stress nein

Helmut Pfeifer

Power ja, Stress nein

Fit, ausgeglichen und stark durchs Leben

mvg

Die deutsche Bibliothek – CIP-Einheitsaufnahme

Pfeifer, Helmut:
Power ja, Stress nein : Fit, ausgeglichen und stark durchs Leben / Helmut Pfeifer. – Landsberg am Lech : mvg, 2001
ISBN 3-478-73244-1

Umschlaggestaltung: Vierthaler & Braun, München
Satz: Fotosatz H. Buck, Kumhausen
Druck- und Bindearbeiten: Ebner Ulm
Printed in Germany 73244/301502
ISBN 3-478-73244-1

INHALTSVERZEICHNIS

Danksagung

Es wäre vermessen zu sagen, ein Projekt wie dieses Buch könne ohne die Hilfe und die Beziehung zu anderen entstehen.

An diesem Projekt sind eine ganze Menge Mitmenschen beteiligt, davon viele, denen es wahrscheinlich überhaupt nicht bewusst ist.

Im Laufe der letzten 12 Jahre habe ich mit sehr vielen Menschen zusammengearbeitet, davon alleine mit über 60.000 Seminarteilnehmern.

Viele der Schulungen haben sich, ohne es zu wollen, zu sogenannten Lebensberatungsseminaren entwickelt. Durch Briefe und intensive Gespäche sind einige der in diesem Buch beschriebenen Schritte indirekt entstanden.

Ich möchte allen meinen Seminarteilnehmern/innen für die zahlreichen Ideen danken, die alleine durch Ihre Fragen und Anregungen mit zur Entstehung dieses Buches beigetragen haben.

Ein großes Dankeschön gebührt meiner Frau Beate, die mir mit vielen Anregungen, Korrekturen und Zuspruch zur Hand gegangen ist. Für viele der praktischen Übungen und Tipps musste sie (auch manchmal unfreiwillig) als „Versuchskaninchen“ herhalten.

Danke sagen möchte ich auch meiner Lektorin, Frau Ute Flockenhaus, die durch ihre professionelle und humorvolle Art eine riesige Hilfe bei der Entstehung dieses Buches war.

Ich wünsche Ihnen, liebe/r Leser/in, viel Freude beim Lesen dieses Buches und viel Erfolg bei der Entwicklung Ihres menschlichen Energiepotenzials sowie viel Spaß bei den verschiedenen Übungen, die dieses Buch zu einer praktischen Anleitung zur Entwicklung von M.E.P® machen.

Ihr Helmut Pfeifer
www.pfeifer-seminare.de

Vorwort

Die Energiegewinnung ist eines der beherrschenden Themen unserer Zeit. Der Mensch macht sich – aus seinem archaischen Überlebenswillen heraus – verstärkt Gedanken, wie er mit den Ressourcen dieser Erde sparsamer umgehen kann. Wir sehen die parallel mit der Bevölkerung wachsenden Probleme auf unserem Planeten und beruhigen uns damit, dass neue Techniken es schon richten werden. Wir reden von Energie und meinen technische Geräte. Doch was ist mit unserer ureigensten Energie?

Zuletzt hat der „Benzinpreisschock“ jedem von uns klar gemacht, was es bedeutet, von Energielieferanten abhängig zu sein. Dabei steckt das größte Energie-Potenzial überhaupt in uns selbst. Die Lieferanten haben viele Namen: Konzentration, Ziele, Stimmung, positives Denken – um nur einige zu nennen. Und: sie liefern kostenlos und frei Haus. Wir müssen sie nur rufen. Das allerdings hat wiederum etwas mit Technik zu tun.

Ich werde immer wieder gefragt, was mich zu meinen außergewöhnlichen radsportlichen Abenteuern treibt. Die Maßstäbe meiner Touren sind zweifellos extrem. Aber mein Ziel war nie die Jagd nach Superlativen, sondern die Auslotung der eigenen Grenzen. Die Mechanismen zu erkennen, die zur Überwindung scheinbar ausweglosér Situationen notwendig sind. Der Mensch kann durch innere Stärke nahezu jedes Ziel erreichen –

und wenn ich es schaffe, dann können Sie es bestimmt auch.

Die Frage ist natürlich: wie? Durch das Abrufen des **M.E.P**®, d. h. des Menschlichen Energiepotenzials (und die Vermeidung entsprechender Verluste). Die Techniken dazu liefert dieses wunderbare Buch von Helmut Pfeifer. Seine jahrelange Erfahrung und sein Know-how, das er hier sehr komprimiert für Sie zusammengetragen hat, sollten Sie sich nicht entgehen lassen, sondern für sich umsetzen und nutzen. Betrachten Sie es als ein großes Geschenk.

Ihr
Hubert Schwarz
Extremsportler, Motivationstrainer, Sportcoach und -manager, Unternehmer und Gründer der Hubert-Schwarz-Stiftung

Einleitung

Vor einigen Jahren war es schlagartig soweit.

Mitten in der Nacht wurde ich wach, und mir war ein wenig schwindlig, und auf einem Ohr hörte ich nicht so gut. Dennoch bin ich wieder eingeschlafen.

Am nächsten Morgen: Schwindel, ein Rauschen im Ohr (ähnlich wie ein Wasserfall), begleitet von einem deutlichen Hörverlust.

Ich wollte wie gewohnt ins Büro gehen und diesem Vorfall nicht die rechte Beachtung schenken. Zum Glück war meine Frau in dieser Hinsicht ganz anderer Auffassung und setzte sich mit der Aufforderung durch, ich solle doch zum Arzt gehen.

Die Diagnose war klar und schnell gestellt: ein Hörsturz. Übliches Vorgehen: Infusionen.

Der Hörsturz an sich war auch überhaupt nicht so schlimm und nach zehn Tagen Infusionen im Prinzip vergessen.

Viel schlimmer war, dass sich zu dieser Angelegenheit ein klassisches *Burn-out-Syndrom* gesellte – wie einem medizinischen Lehrbuch entsprungen.

Ich war nicht zur kleinsten Anstrengung mehr fähig. Und dass dem so war, fiel mir unendlich schwer zu akzeptieren. Wenn ich geruht hatte, ging es mir gut, so dass ich dachte, ich könne ruhig etwas tun. Nach maximal zwanzig bis dreißig Minuten Tätigkeit hatte ich Schweißausbrüche und war restlos am Ende.

Die pauschalen Empfehlungen meiner Ärzte: „Sie haben zu viel Stress. Machen Sie einmal langsamer, machen Sie Urlaub etc. Offensichtlich ein typischer Schuss vor den Bug."

Machen Sie einmal langsamer. – Dass ich nicht lache! Aus meiner Sicht fast unmöglich. Ich kam mir vor wie ein Zahnrad im großen Getriebe des Lebens. Und wenn sich in einem Getriebe ein Zahnrad nicht mehr dreht, dann brechen die Zähne, dann gibt es Bruch.

Dass ein Getriebe jedoch über die Entschleunigung eines Rades abgebremst werden kann, wollte partout nicht in meinen Kopf. Denn ich betrachtete mich bis zu diesem Zeitpunkt als nahezu unfehlbar. Sämtliche Ziele, die ich wirklich in meinem Leben erreichen wollte, hatte ich erreicht.

So war ich geschäftsführender Mehrheitsgesellschafter eines Produktionsunternehmens, hatte einen großen gewerblichen Immobilienbestand (komplett vermietet), und das Schulungs- und Beratungsgeschäft lief hervorragend.

Im übrigen praktizierte ich seit mindestens 14 Jahren positives Denken, beherzigte die klassischen Planungsregeln und machte hin und wieder Sport.

Ich schaffte es sogar in einigen dieser Jahre, zusätzlich noch einen recht zeitintensiven Sport zu betreiben und zu organisieren (wobei Letzteres eher das Verdienst meiner Frau war), nämlich Motorsport. Konkret: Porsche-Carrera-Cup, Porsche-Supercup, BPR (heute FIA-GT-Meisterschaft) und diverse Langstreckenrennen.

Also alles in allem tipptopp.

Dennoch sah es, ganz pragmatisch betrachtet, bei mir so aus, als hätte ich es nicht geschafft, die drei Säulen des Lebens in Einklang zu bringen.

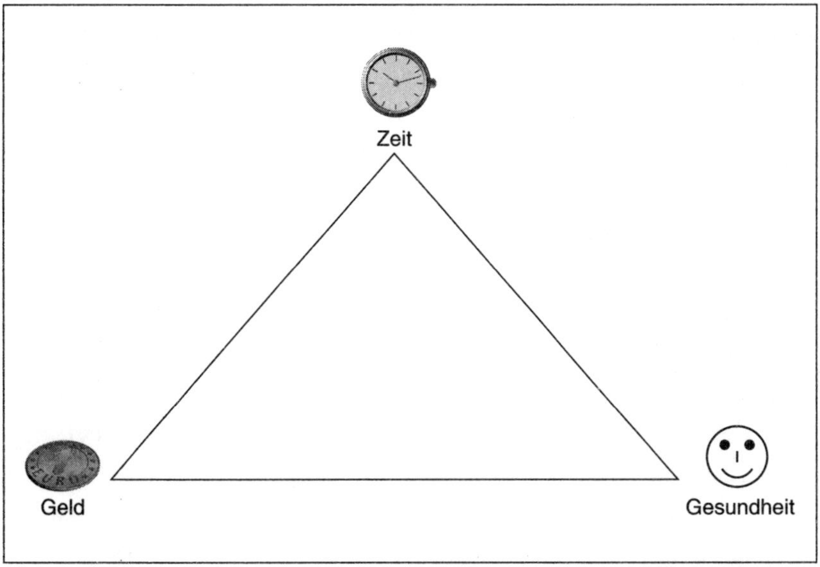

Das Dreieck aus Zeit, Geld und Gesundheit war bei mir irgendwie aus der Balance geraten, und das gewaltig.

Mein Burn-out-Syndrom dauerte etwa drei Monate. Erst dann waren meine Batterien so weit aufgetankt, dass ich wieder leicht zu arbeiten anfangen konnte, ohne dass die aufgetankte Energie schon nach einer Stunde wieder verbraucht war.

Als positiver Denker hatte diese Phase natürlich auch unbestreitbar ihre Vorteile für mich.

Der größte Vorteil war zweifelsohne die zwangsverordnete Zeit zum Nachdenken. Und so habe ich nicht nur nachgedacht, sondern auch entsprechend gehandelt.

Durch die unmittelbare Erfahrung, dass eine gute Organisation und positives Denken alleine offensichtlich nicht für eine ausbalancierte Lebensführung ausreichen, begann ich alles zu untersuchen, was ich zu den Themen Lebensgestaltung, geistige Einstellung, mentale und psychische Prozesse finden konnte.

Als ursprünglich naturwissenschaftlich ausgebildeter Mensch bin ich zu dem Ergebnis gekommen, dass letztendlich *Energie (Power)* der entscheidende Faktor für Erfolg und Glück ist.

Das vorliegende Buch befasst sich also mit der Gewinnung von Energie und Power, der Entwicklung von **M.E.P**® – Menschlichem Energiepotenzial, und der Vermeidung von entsprechenden Verlusten und negativem Stress.

Kapitel 1

Alles ist Energie

Das Buch, das Sie jetzt gerade in den Händen halten, ist genauso Energie wie der Stuhl, auf dem Sie sitzen, oder wie Ihr Körper.

Ohne Energie hören Sie auf zu atmen.

Wenn Sie sich bewegen wollen, und seien es auch nur Ihre Augenbewegungen beim Lesen dieses Buches, verbrauchen Sie Energie.

Um zu verstehen, was Energie ist, lassen Sie uns einmal den typischen *Mikrokosmos* betrachten: Wenn wir eine beliebige Menge Wasser immer wieder aufteilen, so erhalten wir zwar eine kleinere Menge davon, aber immer noch Wasser.

Ist diese Menge so klein, dass wir sie nur noch unter dem Mikroskop sehen können, und unterteilen wir diese Minitröpfchen dann in Gedanken weiter, so besteht ein Minitropfen irgendwann aus einer Vielzahl kleinster Teilchen, den Molekülen.

Ein Gramm Wasser enthält etwa zehn Trillionen Wassermoleküle.

Durch chemische Prozesse lassen sich diese Moleküle noch weiter teilen, bis sie nicht mehr chemisch teilbar sind. Wir nennen diese Molekülbausteine Atome (Atom, griech. unteilbar).

Physikalisch gesehen ist ein Atom wiederum ein zusammengesetztes Gebilde. Es besteht aus einem Atomkern und einer Hülle, die sich aus Elektronen zusammensetzt.

Der Atomkern selbst ist aus Protonen und Neutronen aufgebaut. Beide zusammen werden als Nukleonen bezeichnet.

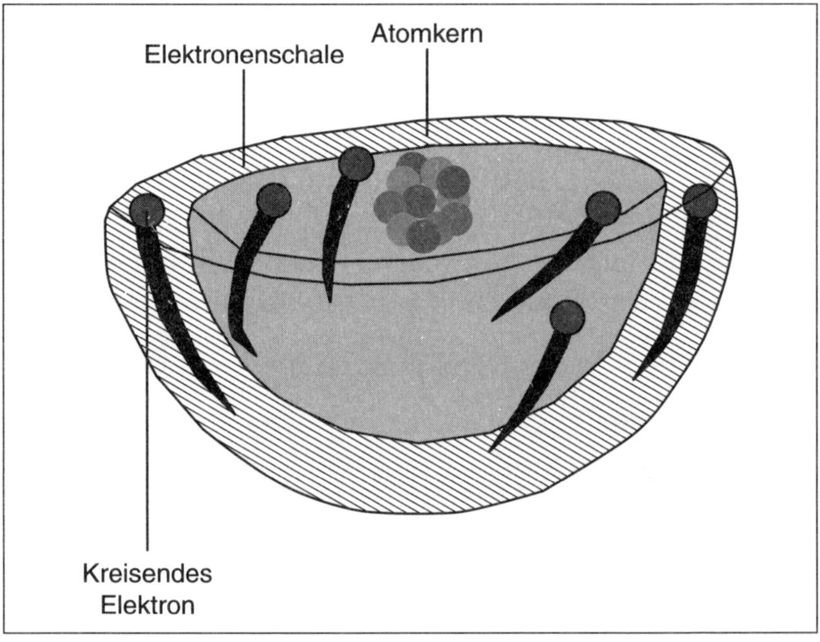

Der Atomkern hat natürlich eine Masse (bei Wasser z. B. $1{,}673 \cdot 10^{-24}$ g). Auch die Hülle besteht aus Masse, da die Elektronen mit einer ungeheuren Geschwindigkeit und einem Gewicht von $9{,}11 \cdot 10^{-28}$ g um den Kern fliegen.

Dass ein Elektron bei seinem „Flug“ um den Kern Energie entwickelt, ist jedem klar, der schon einmal in einem Kettenkarussell gesessen und gespürt hat, wie ihn die Fliehkraft nach außen drückt.

Die Energie des Elektrons lässt sich berechnen.

Die *Einsteinsche Relativitätstheorie* besagt, dass jede Masse eine Energie hat: $E = m \cdot c^2$

(m ist hierbei die Masse, die der Energie E entspricht. c ist die Lichtgeschwindigkeit.)

Die Atome sind ungeheuer am Schwingen. Hiermit befasst sich die Quantenphysik. Und wenn also jede Materie aus Atomen besteht, dann können wir auch sagen, jede Materie besteht aus Schwingungen oder *Materie ist Energie.*

Wenn wir weiter davon ausgehen, dass auch unsere Gedanken physikalisch betrachtet Materie sind, dann sind natürlich auch unsere Gedanken Schwingungen bzw. Energie. (Diese Erkenntnis benötigen wir in den späteren Kapiteln dieses Buches.)

Kapitel 2

Möglichkeiten der Energiegewinnung

Der Energiebedarf in den modernen Gesellschaften wächst in einem ungeheuren Ausmaß. Aus diesem Grunde werden große Anstrengungen unternommen, Energie zu gewinnen und Energieverluste zu vermeiden.

Denken wir nur an die Entwicklung und Erforschung von allen möglichen Energieressourcen, die gewaltigen Diskussionen darum und die jeweiligen Nebenwirkungen.

Zum heutigen Zeitpunkt wäre ein Leben z. B. ohne

- Atomenergie
- Erdölenergie
- Erdgasenergie
- Steinkohleenergie
- Wasserkraftenergie
- Windkraftenergie
- Sonnenenergie

kaum denkbar.

(Über die Nebenwirkungen zu diskutieren ist natürlich nicht Bestandteil dieses Buches.)

Oder denken wir an die Entwicklungen in der Automobilindustrie. Heute können wir ein Fahrzeug kaufen, das so wenig Verluste aufweist, dass wir mit drei Liter Diesel auf hundert Kilometern auskommen.

Aus einer Vielzahl von Gründen werden weltweit wahnsinnige Anstrengungen unternommen, um Energie zu gewinnen und Verluste im Rahmen zu halten. – Recht so!

Gleiches sollte meiner festen Überzeugung nach auch für den Menschen gelten: Unser Ziel muss es sein, den Energiehaushalt des Menschen zu optimieren, jeder für sich.

Nichts ist wichtiger als der Mensch.

Die meisten anderen Probleme lösen sich dann fast automatisch mit. Das liegt ganz einfach daran, dass die meisten Bausteine in einem Verhältnis zu den anderen Bausteinen stehen, sich also gegenseitig stützen und in einem Interdependenz-Verhältnis zueinander stehen.

Dies ist vergleichbar mit einem Getriebe, in dem die unterschiedlichen Zahnräder miteinander verzahnt sind. Und wie bei jedem Getriebe gibt es hierbei auch unterschiedliche Übersetzungsverhältnisse mit entsprechend stärkeren oder schwächeren Auswirkungen.

Idealerweise werden wir jedoch jedes einzelne Zahnrad für sich optimieren.

KAPITEL 3

ENERGIE UND LEBEN

Wie Sie im Eingangskapitel erkennen konnten, besteht alles aus Materie, aus Schwingungen, aus Energie.

Wenn alles Energie ist, dann sind auch unsere *Gedanken* Energie (EEG-Messungen von elektrischen Strömen im Gehirn belegen das).

Da nur Energie etwas bewirken kann und unsere Gedanken Energie sind, gibt es so etwas wie Gedankenenergie, mit nicht zu unterschätzenden Wirkungen. Und das nicht nur bei uns selbst, sondern natürlich auch in unserer Außenwelt.

In diesem Zusammenhang kommt ein wichtiger Grundsatz der Physik ins Spiel:

Energie lässt sich nicht vernichten, sondern nur umwandeln!

Die Autoindustrie lässt sich immer wieder neue Methoden einfallen, um die kinetische Energie des Fahrzeugs in Verformungsenergie umzuwandeln.

Was ist mit Ihrer Gedankenenergie? Was bewirken Ihre Gedanken? Welche Konsequenzen ergeben sich daraus?

Wir werden in den folgenden Kapiteln intensiv auf diese Fragen eingehen.

Neben Ihrer Gedankenenergie verfügen Sie über weitere Energiequellen. Auch Ihr Körper ist Energie, ist Schwingung. Und beides steht in einem Wirkungsverhältnis zueinander.

Dass die Körperschwingung bzw. -energie durch entsprechende Gedanken leicht verändert werden kann, können Sie leicht selbst ausprobieren: Denken Sie an ein besonders schönes Erlebnis oder an ein besonders schmerzliches. Spüren Sie, wie diese gedanklichen Vorstellungen auf Ihren Körper wirken?

Ich werde Ihnen in diesem Buch aufzeigen:

- Wie wir intensiver schwingen (= leben)
- Wie wir Energiefresser eliminieren
- Welche Konsequenzen „richtiges“ (oder „falsches“) Denken hat

Kapitel 4

M.E.P® – Menschliches Energiepotenzial

In den vorangegangenen Kapiteln habe ich Ihnen aufgezeigt, dass alles Energie, alles Schwingung ist.

Wenn wir das Thema noch physikalischer aufarbeiten wollten, so würden wir pro Materie noch mehr Energien finden. So gibt es bei Elektronen nicht nur eine kinetische, sondern bei Stoffen auch eine *potenzielle Energie.*

Natürlich hat jeder Stoff auch ein Potenzial. Bei allen Metallen z. B. gibt es ein elektrisches Potenzial. Taucht man z. B. Metall in Wasser oder noch besser in eine Salzlösung, so ist es bestrebt, seine Atome als Ionen in die Lösung zu schicken. Zurück bleiben frei werdende Elektronen auf dem Metall. Dieses wird nun negativ geladen, es entsteht eine Spannung, ein elektrisches Potenzial.

So wurden zum Beispiel die Potenziale von Metall gegen Wasserstoffelektroden gemessen und in einer Tabelle der so genannten Normpotenziale festgehalten.

Was ist nun *„**M**enschliches **E**nergie**p**otenzial“?*

Wir wissen bereits, dass alles Energie, alles Schwingung ist. Aber wo liegt der wesentliche Unterschied zwischen dem Stuhl, auf dem Sie sitzen, und Ihnen? Der wesentliche Unterschied im Hinblick auf den Faktor Energie ist folgender:

Der Stuhl kann im Gegensatz zu Ihnen nicht denken. Der Stuhl kann im Gegensatz zu Ihnen seine Schwingung, seine Energie nicht selbsttätig erhöhen. Der Stuhl hat keine Intelligenz.

Menschliches Energiepotenzial besteht also aus Energie und aus Intelligenz.

Denken Sie jedoch bitte nicht, dass Menschen mit einem hohen Intelligenzquotienten auch automatisch mehr „Menschliches Energiepotenzial“, kurz **M.E.P**®, besitzen.

Ganz im Gegenteil: Es kann sogar so sein, dass ein scheinbar kindliches Gemüt wesentlich mehr **M.E.P**® aktivieren kann als ein hoch dotierter Professor Dr. Dr.

Denn **M.E.P**® hat nicht nur mit *rationaler* Intelligenz zu tun, sondern auch mit *emotionaler* Intelligenz.

Das zeigt sich sehr häufig in der Praxis. Der Schüler, der die Kriterien der Pädagogen am besten erfüllen kann, erhält die besten Noten. Möglicherweise schließen sich Abitur, Studium und Promotion an, gefolgt von einer Professur an einer renommierten Hochschule.

Eventuell hat sich in der gleichen Zeit der eher mittelmäßige Schüler – einige „Ehrenrunden" eingeschlossen – zum Chef seines eigenen Firmenimperiums entwickelt.

Überdies gibt es genügend Beispiele von hochbegabten Kindern, die sich derartig im Unterricht langweilen, dass sie sich letztendlich beim Lehrer unbeliebt machen. (Vielleicht machen sie auch aus lauter Langeweile Quatsch.) Fazit: Es gibt schlechte Noten.

Bitte verstehen Sie mich nicht falsch, ich möchte die rationale (scheinbar messbare) Intelligenz nicht herabwürdigen, aber ich möchte hier noch einmal ganz deutlich machen, dass sie selbstverständlich nicht alles ist.

Wir alle wissen, dass jede Entscheidung, die wir treffen, sowohl auf rationalen Überlegungen basiert, auf einem Nachdenken, wie auch auf emotionalen Einflüssen, auf Gefühlen.

Im Zweikampf zwischen Gefühl und Ratio siegt in den allermeisten Fällen das Gefühl.

Wenn das nicht so wäre, würden wir ja vernünftigerweise andere Autos fahren oder hätten eine Uhr für 7,90 DM am Handgelenk. Denn wenn Sie lediglich rational entscheiden würden, würde es eine solche Uhr ja ohne weiteres tun.

Beobachten Sie sich einmal selbst bei Ihren Einkäufen. Ist es nicht so, dass jedes Mal, wenn Sie mehr Geld als nötig ausgegeben haben, Sie dann dieses Mehr an Geld aufgrund eines Gefühls ausgegeben haben? Vielleicht haben Sie einfach sehr viel Spaß an der teureren Uhr, dem sündhaft teuren Anzug, dem schickeren Auto …?

Spaß ist jedoch ein Gefühl. Dieses Gefühl, diese Emotion spielt im Entscheidungsprozess häufig die ausschlaggebende Rolle.

Diese eben aufgezeigte Intelligenz beschreibt die emotionale Intelligenz. Wenn ich nun **M.E.P®** definiere, so besteht **M.E.P®** aus Energie und Intelligenz. Die Intelligenz, die hier gemeint ist, nenne ich die „potenzielle Intelligenz“.

potenzielle Intelligenz (PI) = rationale Intelligenz + emotionale Intelligenz

Das ***M**enschliche **E**nergie**p**otenzial* besteht also aus Energie/Schwingung und potenzieller Intelligenz.

Bis zu dieser Stelle kann es sich nur um einen groben Überblick über diese Thematik handeln. In den weiteren Kapiteln werde ich die einzelnen Elemente detaillierter betrachten und aufzeigen, was Sie konkret in der Praxis tun können, um Ihre potenzielle Intelligenz zu aktivieren. Ich werde Ihnen zeigen, wie Sie mehr Energie in Ihrem Körper wecken und gleichzeitig so viel wie möglich Energieabfluss vermeiden.

Wenn Sie in der Lage sind, Ihr persönliches Energiepotenzial zu erhöhen, werden Sie glücklicher sein. Sie werden Ihre Ziele schneller erreichen, denn Sie sparen konkret einfach mehr Zeit, Sie erbringen mehr Leistung in der gleichen Zeit.

Leistung ist Arbeit (Aufwand/Energie) pro Zeiteinheit.

Wenn Sie mehr Energiepotenzial besitzen, so benötigen sie faktisch für dieselbe Arbeit weniger Zeit.

Sie werden erkennen, dass sich mit der Erhöhung Ihres Energiepotenzials, Ihres **M.E.P®**, gleichzeitig Ihr Stress auflöst und Sie wesentlich gesünder werden.

Sie werden sich fühlen, als wären Sie noch wie ein Kind voller unbeschwerter Energie.

Kapitel 5

Optimierung des Energiepotenzials

Es geht mir in diesem Buch um eine *Lebensstrategie*, nicht um einen „Berechtigungsschein für das Leben“, obwohl ich hin und wieder der Meinung bin, gerade in Deutschland bräuchten wir einen solchen Schein.

Warum? Weil wir in Deutschland so ziemlich für alles einen Schein benötigen. Es gibt Autoführerscheine, Bootsführerscheine, Flugscheine, Tauchscheine, Jagdscheine, REFA-Scheine, Erwerbsscheine – also Scheine für so ziemlich alles.

Was wir nicht haben, manchmal aber durchaus brauchen könnten: einen Schein zum Führen von Menschen, einen Berechtigungsschein zum Gründen und Verantworten einer Familie, geschweige denn zum Gestalten seines eigenen Lebensglücks.

Nun, wenn Sie die Regeln und Tipps in diesem Buch beherzigen, so erhalten Sie zwar keinen Schein, aber Sie hätten dann zumindest einen verdient.

Letztendlich geht es in diesem Buch um Energie, Potenzial und Glück.

Stellen Sie sich Ihr Energiepotenzial, Ihr **M.E.P®**, so vor, als müssten Sie damit wirtschaften wie mit Ihrem Haushaltseinkommen.

Optimalerweise sollten bei Ihrem Haushalt die Ausgaben nicht höher als die Einnahmen sein, ansonsten müssten Sie privatwirtschaftlichen Konkurs anmelden.

Damit Ihnen das nicht passiert, müssen Sie *ein* Auge auf die Ausgaben werfen und das *andere* Auge auf die Einnahmen.

So wie sich in Ihrem privaten Haushalt die Einnahmen und die Ausgaben in viele einzelne Einnahmen und Ausgaben zerlegen lassen, genauso verhält es sich auch mit Ihrem **M.E.P®**.

Beim **M.E.P®** werden Sie jedoch feststellen, dass sich viele Maßnahmen auf der jeweiligen Ein- oder Ausgabenseite gegenseitig beeinflussen. Die meisten Maßnahmen ergeben entweder eine Kettenreaktion an Einspar- oder an Einnahmenmöglichkeiten.

Um einen Überblick zu erhalten, betrachten wir zunächst einmal grob die typischen **M.E.P®**-Fresser:

Psychische M.E.P®-Fresser:

- Stress
- Falsche Fragen
- Negatives Denken
- Programme/Konditionierungen
- Schlechte Laune
- Ziellosigkeit
- Verkrampfung
- Entscheidungskampf
- Streit
- Gestörte Partnerschaft
- Innerer Ballast

Physische M.E.P®-Fresser:

- Falsche Atmung
- Schlechte Schlafgewohnheiten
- Mangelnde Bewegung
- Falsche Körperhaltung
- Falsche Ernährung
- Negatives, aufzehrendes Umfeld
- Fehlende Organisation
- Äußerer Ballast

Auf der anderen Seite gibt es eine ganze Reihe von Energielieferanten.

Psychische M.E.P®-Lieferanten:

- Richtige Fragen
- Konzentration
- Gute Stimmung
- Ziele
- Richtiges, positives Denken
- Entspannung, mentales Training
- Loslassen
- Von innerem Ballast befreien
- Schnelles Entscheiden
- Aufbauende Kommunikation
- Harmonische Partnerschaft

Physische M.E.P®-Lieferanten:

- Energiereiche Ernährung
- Richtige Atmung
- Gutes Schlafen
- Energetische Körperhaltung
- Aufbauendes Umfeld
- Gute Organisation

In den folgenden Kapiteln werde ich die einzelnen Bereiche konkret behandeln und mit praktischen Tipps versehen.

Kapitel 6

Energiefaktor Nr. 1 – Stress

Über Stress, dessen Entstehung und Beseitigung etc., gibt es eine Vielzahl von Büchern. Ich werde mich aus diesem Grunde diesem Thema pragmatisch widmen, um nicht noch eine weitere große Abhandlung dazuzustellen.

Grundsätzlich ist Stress ja etwas Gutes, eine *Alarmreaktion unseres Körpers, mit der er auf seelische oder körperliche Beanspruchung antwortet.*

Solange der Körper gesund und entsprechend seinem natürlichen „Programm“ reagiert, gibt es in gewissen Situationen Stress.

Stress als natürliche Alarmreaktion sichert also das Überleben der Menschheit.

Es gibt aber z. B. Menschen, die kein Schmerzempfinden haben. Diese Menschen haben eine Fehlfunktion und in der Regel eine recht kurze Lebenserwartung. Sie verletzen sich und merken es nicht. Sie bluten ohne Schmerz, im schlimmsten Fall können sie sogar verbluten.

In meinen Rhetorik-Seminaren konnte ich im Laufe der letzten zwölf Jahre die unterschiedlichsten Formen von Stressreaktionen verfolgen: angefangen vom roten Kopf, Denkblockaden oder dem Verlust des berühmten roten Fadens, zitternden Händen und/oder Beinen, einer am Gaumen klebenden Zunge bis hin zu Durchfall, Schwindel und sogar Erbrechen.

Die Erklärung für solche Reaktionen ist relativ einfach. Es fällt nun einmal kein fertiger Redner vom Himmel. Und solange der Körper noch nicht gelernt hat, dass sein Leben in einer solchen Situation überhaupt nicht bedroht ist, dass keine Messer, Steine oder Tomaten fliegen, versetzt er die entsprechende Person zunächst einmal in einen überlebensfähigen Zustand.

Da wir grundsätzlich auf Überleben programmiert sind, reagiert er also absolut programmgemäß.

Dieses Verhalten hat sich offensichtlich bewährt, denn es gibt uns Menschen ja schließlich heute noch. Wir haben überlebt.

Denken Sie einmal an die prähistorische Zeit zurück, an unsere Vorfahren in der freien Wildbahn. Da läuft er so dahin, unser Vorfahre. Plötzlich ein Geräusch, in 50 Metern Entfernung taucht ein Raubtier auf, Gefahr. Unser Vorfahre will und soll jedoch überleben. Ergo wird der Körper schlagartig in einen überlebensfähigen Zustand versetzt.

Als allererste Maßnahme erhält er eine „Dopingspritze“. Die Muskelleistung wird um ein Vielfaches gesteigert, denn er soll jetzt handeln und nicht grübeln. Damit das nicht passiert, wird sein Gehirn jetzt ausgeschaltet. Er denkt nicht mehr, sondern schnappt sich entweder seine große Keule, um fest zuzuschlagen, oder er läuft wie ein Hase weg.

Wie dem auch sei, das Überlebensprogramm hat sich bewährt, unsere Spezies hat sich durchgesetzt.

Heute bedrohen die wenigsten Stressoren unser Leben direkt. Die körperlichen Reaktionen sind jedoch die gleichen.

Und genau solche Reaktionen kann ich in meinen Rhetorik-Seminaren bei vielen Seminarteilnehmern und -teilnehmerinnen beobachten.

Durch eine ungewohnte, neue Stresssituation reagiert der Körper analog und verpasst dem Betreffenden einen so genannten Adrenalinstoß. Die Muskelleistung steigt, das Herz schlägt schneller.

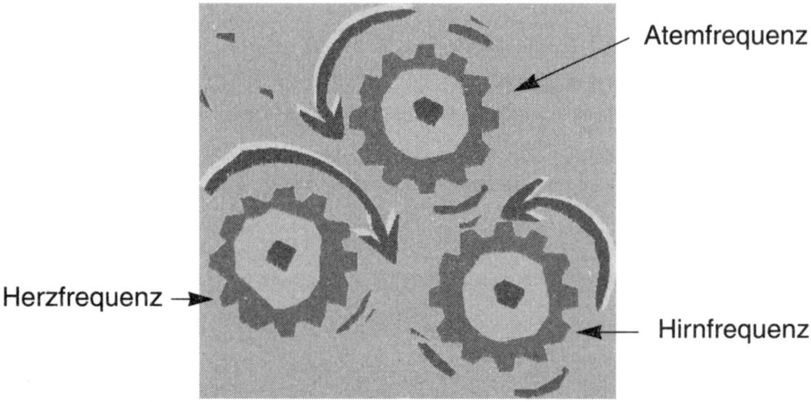

Zahnräder

Jetzt können wir uns vorstellen, dass drei Frequenzen wie drei Zahnräder direkt miteinander gekoppelt sind. Dreht sich ein Zahnrad schneller, so müssen sich auch alle anderen Zahnräder schneller drehen. Im übertragenen Sinne: Erhöht sich die Pulsfrequenz, so erhöht sich auch gleichzeitig die Atem- und die Hirnfrequenz.

Je mehr sich die Hirnfrequenz erhöht, desto mehr leidet das Denkvermögen, bis hin zur totalen Denkblockade. Die gleiche Situation spielt sich übrigens beim so genannten *Prüfungs-Blackout* ab.

Da haben Sie eventuell gelernt wie ein Verrückter, haben rein theoretisch alles Wissen, um 100 Punkte zu erzielen, und gehen gut vorbereitet in die Prüfung. In dieser Prüfung geraten Sie nun in Prüfungsstress. Die Herz-, Atem- und Hirnfrequenz erhöhen sich. Sie sitzen kurzatmig, sind voller Dampf, die Schweißperlen laufen Ihnen über das Gesicht, aber Ihnen fällt nichts mehr ein.

Nach der Prüfung ist der Stress weg, die Hormone werden vom Organismus wieder abgebaut, die Frequenzen reduzieren sich, und der ganze Wissensstoff ist wieder präsent.

Sie ärgern sich grün und blau, weil Sie es vorher gewusst haben, hinterher gewusst haben, nur als Sie es brauchten, war das Gelernte wie weggeblasen.

Ich wäre froh, wenn diese einfache Erkenntnis zum Beispiel in der Schule bei Klassenarbeiten von den Lehrern berücksichtigt würde.

Wenn Sie solche Situationen in den Griff bekommen wollen, müssen Sie versuchen, wenigstens eines der drei Zahnräder abzubremsen, damit es sich langsamer dreht. Nun können Sie ja einmal ausprobieren, Ihre Hirnfrequenz zum Beispiel durch mentale Techniken zu reduzieren. – Schwierig, nicht wahr?

Wenn Sie zufällig ein indischer Yogi sind, dann schaffen Sie es vielleicht, Ihre Herzfrequenz zu reduzieren. Sollte das nicht der Fall sein, dann bleibt Ihnen nur noch die Atemfrequenz übrig.

Wenn Sie in der Lage sind, die Atemfrequenz zu reduzieren, dann reduzieren Sie automatisch Ihre Herz- und Hirnfrequenz.

Sie sind dann in der Lage, auch in einer belastenden, in einer Stresssituation klar zu denken.

Eine grundsätzlich andere Möglichkeit wäre die, die auch der frühzeitliche Mensch genutzt hat. Er hat ganz einfach sein Dopingmittel verbraucht, indem er mit der Keule zugeschlagen hat oder aber sehr schnell gelaufen ist. – In der Praxis ist dies für uns nicht immer möglich.

Wenn Sie jedoch Stresshormone produzieren und diese nicht abbauen, so hat das konkrete Auswirkungen auf Ihre Gesundheit. Die Folgen sind verheerend: Magengeschwüre, Kopfschmerzen, Schlaflosigkeit etc.

Fassen wir noch einmal zusammen:

Entweder Sie befassen sich mit der Atmung, oder Sie verbrauchen Ihr Dopingmittel.

Oder anders ausgedrückt:

Entweder Sie betreiben Sport, einen Ausgleichsport, oder Sie machen ein mentales Training. Am besten ist, Sie machen beides.

Es gibt sogar noch eine dritte Möglichkeit, denn neben den Stresshormonen gibt es auch noch andere, nämlich Sexual- oder Glückshormone. Und damit verhält es sich ungefähr so wie mit Weißwein und Rotwein. (Altes Hausfrauenrezept: Kippe Weißwein auf den Rotweinfleck und der Fleck ist weg.)

Sorgen Sie also dafür, dass Sie immer genügend von diesen Glückshormonen dabeihaben, und schütten Sie diese auf die Stresshormone, wenn Sie denn kommen.

Deswegen müssen wir uns später auch mit dem Thema der persönlichen Stimmungspflege auseinander setzen.

Der aufmerksame Leser wird erkennen, dass eine Maßnahme eine ganze Reihe von verketteten Reaktionen nach sich zieht.

Letztendlich müssen wir wieder „back to the roots". Es macht wenig Sinn, nur einen Bereich für sich zu betrachten, denn letztendlich sind fast alle Bereiche miteinander verkettet.

Lassen Sie uns also nacheinander konkret die einzelnen Bereiche betrachten. Beginnen wir mit einem der wichtigsten Themen: der Atmung.

Kapitel 7

Energiefaktor Nr. 2 – Atmung, mentales Training

Das Thema Atmung gewinnt allgemein immer mehr Beachtung. In China existiert inzwischen eine riesige Bewegung von Anhängern, die die Lehre des richtigen Atmens praktizieren.

Besonders anschaulich wird die Wichtigkeit des richtigen Atmens bei fernöstlichen Kampfsportlern; so etwa bei den Vorführungen der Shaolin-Mönche, die Unglaubliches zu leisten imstande sind. Dies zeigt sich, wenn sich Shaolin-Mönche zum Beispiel riesige Stämme gegen den Bauch rammen oder Kanthölzer auf dem Kopf zerschlagen lassen. Sie kennen diese Vorführungen sicher. Dazu gehört zum Teil jahrzehntelanges Training, Meditation u. Ä., aber in jedem Falle auch die richtige Atmung.

Um die körpereigene Energie (Qi) zu sammeln, atmet der Athlet schnell und kräftig ein, spannt die Hände vor der Brust und atmet dann sehr langsam aus, während er die zusammengeführten Hände nach vorne bewegt.

Der Kampfsportler atmet ein, bevor er mit der Handkante oder Faust Bretter durchschlägt, um dann im Moment des Schlages auszuatmen (in der Regel in Verbindung mit dem Kampfschrei).

Das zeigt uns, dass nicht nur das Einatmen, sondern auch das richtige Ausatmen sehr wichtig ist.

In seinem Buch „Zen in der Kunst des Bogenschießens" beschreibt Eugen Herrigel, dass er zu Beginn seiner Ausbildung nicht einmal in der Lage war, den Bogen zu spannen. Um zunächst das Bogenspannen zu trainieren, musste er jedoch kein Krafttraining absolvieren – wie man vielleicht meinen könnte –, sondern er musste das richtige Atmen üben.

Also: kurz und schnell einatmen, die Atmung weich nach unten in den Bauch drücken und dann sehr langsam ausatmen.

Singen ist gesund, sagt man, und das stimmt. Denn was macht der Sänger? Er atmet kurz und schnell ein, um dann langsam auszuatmen.

Reden ist genauso wie Singen: nichts anderes als klingendes Ausatmen.

Die meisten Menschen, die richtiges Atmen nicht trainiert haben, atmen falsch. Insbesondere die Menschen mit vorwiegend sitzender Tätigkeit. Sie atmen zu hoch in die Brust hinein. Das sieht zwar gut aus (sportliche Brust, eingezogener Bauch), hat jedoch einen ganz gravierenden Nachteil. Denn im oberen Brustkorbbereich gibt es nun einmal kaum Lungenbläschen, deshalb kann natürlich auch nur wenig Sauerstoff umgesetzt werden.

Wesentlich effektiver ist es, eine tiefe Bauchatmung zu trainieren, bei der sich das Zwerchfell zunächst nach unten wegdrückt, um dann die Atmung von unten nach oben wandern zu lassen. Bei einer solchen Atemtechnik sind wesentlich mehr Lungenbläschen beteiligt.

Hinzu kommt eine weitere, sehr wichtige Tatsache, die Sie bedenken sollten:

Erst beim Ausatmen werden die Lungenbläschen zusammengedrückt, und der wertvolle Sauerstoff (reinster Energieträger) wird in die Blutbahn gepresst.

Mehr wollen wir ja nicht, wir haben unser Ziel erreicht.

Sie können sich leicht vorstellen (oder es ausprobieren), dass diese Art zu atmen Ihnen schwer fallen wird, wenn Sie zu gebeugt sitzen, z. B. im Auto oder im Büro, oder wenn Sie gebeugt stehen.

Achten Sie daher bitte immer darauf, dass Ihr Oberkörper aufrecht ist, gleichgültig ob Sie sitzen oder stehen.

In dem späteren Kapitel über Körperhaltung werden Sie erkennen, dass ein aufrechter Oberkörper noch weitere Vorteile mit sich bringt.

Wer also bisher seiner Atmung überhaupt keine Beachtung geschenkt hat, ist in der Regel ein typischer „Flachatmer“. In der Konsequenz bedeutet dies: Energieverlust und die Tendenz zu Stress und Denkblockaden. Wenn Sie flach atmen, dann benutzen Sie von dem maximal möglichen Volumen, von dem maximal möglichen Sauerstoff, nur einen geringen Bruchteil, das heißt: Ihnen steht weniger Energie zur Verfügung.

Gleichzeitig erhöhen Sie dadurch automatisch Ihre Atemfrequenz, da Sie einfach häufiger atmen müssen. Dies wiederum erhöht auch gleichzeitig Ihre Herz- und Hirnfrequenz (siehe Kapitel 6, Stress). Dies alles führt zu Denkblockaden und letztendlich häufiger zu Ärger und Stress.

Durch richtiges Atmen können Sie also mehrere Fliegen mit einer Klappe schlagen:

1. Reduzierung von Herz- und Hirnfrequenz
2. Reduzierung von Denkblockaden
3. Anreicherung des Körpers mit Sauerstoff = Energie

Machen Sie deshalb folgende Übung:

Übung Nr. 1:

Atmen Sie ca. 4 Sekunden lang intensiv und riechend ein. Jetzt halten Sie ca. 8–16 Sekunden lang die Luft an und atmen dann so langsam, wie Sie können, durch den Mund wieder aus.

Besonders wirkungsvoll hierbei ist die langsame Ausatmen-Phase, weil Sie ja jetzt den Sauerstoff in Ihr Blut hineinpressen, und das gibt Energie.

Wichtig: Sie sollten sich bei dieser Übung nicht unnötig anstrengen, sondern locker Ihren Rhythmus finden.

Machen Sie diese Übung möglichst dreimal täglich mit jeweils 8–12 Atemzügen.

Sie haben damit gleichzeitig einen ganze Menge zum Stressabbau getan, weil Sie mit dieser Übung natürlich auch die gesamte Atemfrequenz reduzieren und damit gleichzeitig die Herz- und Hirnfrequenz.

Sie haben die Ausschüttung von Adrenalin verhindert.

Sie haben sicher erkannt, dass es beim richtigen Atmen viel weniger um das Einatmen, als um das richtige Ausatmen geht.

Von Kindesbeinen an haben wir uns antrainiert, dass wir in einem Schreckensmoment nach Luft schnappen, also tief einatmen. Diese Reaktion wäre im Prinzip vollkommen okay, wenn wir anschließend durch muskuläre Anspannung den Sauerstoff verbrauchen würden und dabei gleichzeitig automatisch (zwangsweise) auch intensiv ausatmen würden. Machen wir aber in der Regel nicht. Da es solche „Schreckensmomente" jedoch in Hülle und Fülle gibt, atmen wir in der Regel meistens mehr ein als aus.

Unser Körper pendelt dieses „Ungleichgewicht“ zwar automatisch aus (der pH-Wert im Blut steigt, um den Sauerstoffüberschuss aufzufangen, der Kalziumspiegel fällt), die Folge sind jedoch häufig Kopfschmerzen und Nervosität.

Das nun führt sehr häufig zu Stress und somit zu einer Erhöhung von Atem-, Herz- und Hirnfrequenz. Der Teufelskreis schließt sich.

Übung Nr. 2:

Bei der folgenden Übung wird insbesondere das richtige Ausatmen geübt.

Setzen Sie sich aufrecht und entspannt auf einen Stuhl, atmen Sie intensiv ein und dann 15 Sekunden lang aus.

Kontrollieren Sie sich mit einer Uhr. Machen Sie diese Übung 5 Minuten am Stück.

Ich kann Ihnen versprechen, nach diesen 5 Minuten fühlen Sie sich wie ein anderer Mensch. Cooool. Sie haben Ihre hektische Maschine zur Ruhe gebracht.

Die dritte Übung ist eine Art Bio-Feedback-Übung.

Übung Nr. 3:

Legen Sie sich gemütlich auf den Rücken (optimalerweise mit einem Kissen unter den Knien, um die Beine zu entlasten) und machen Sie bewusst nichts.

Das Einzige, was Sie jetzt tun, ist, dass Sie sich hundertprozentig auf Ihre Atmung konzentrieren. Achten Sie auf das Heben und Senken Ihrer Bauchdecke.

Stellen Sie sich vor, wie Sie mit jedem Einatmen neue Energie in sich hineinpumpen und wie Sie mit jedem Ausatmen allen Stress, Schadstoffe, alles Negative hinauswerfen.

Konzentrieren Sie sich nur auf Ihre Atmung.

Sie fangen an, sich hundertprozentig zu entspannen, und ganz automatisch reduziert sich Ihre Atemfrequenz.

Ihr allerneuestes Zauberwort sollte von nun an *Ausatmen* heißen. Egal was in Ihrem Leben passiert. Ob Sie sich erschrecken, in Stress geraten, vor einer belastenden oder schwierigen Aufgabe stehen, ob Sie jemand ärgern will, oder Ähnliches.

Sie atmen als Allererstes einmal tief und vollständig aus.

Wenn Sie das eine Weile durchhalten und trainieren, wird dieses „Ausatmen" bei Ihnen zu einem *Reflex,* und Sie werden es in Zukunft vollkommen automatisch machen.

Dann haben Sie für sich ein wirksames Instrument für gesundes Atmen und für mehr Energie geschaffen.

Nutzen Sie jede Möglichkeit für Ihre Atemübungen, zum Beispiel beim Fernsehen, beim Autofahren etc. Am besten trainieren Sie natürlich in einer sauerstoffreichen Umgebung, idealerweise also bei einem Waldspaziergang.

Versuchen Sie, wo immer Sie sind, eine sauerstoffreiche Umgebung zu schaffen. Das heißt natürlich, wenn Sie in geschlossenen Räumen sind, dass Sie auch frischen Sauerstoff hineinlassen müssen. Ganz besonders wichtig ist es, nachts bei geöffneten Fenstern zu schlafen, um auch bei unserer langsamen Schlafatmung viel Sauerstoff in das Blut zu befördern.

Allergiker hingegen sollten in der Nacht die Fenster wegen des starken Pollenflugs geschlossen halten. Hier bewährt es sich, spät am Abend nochmals gut durchzulüften und die Tür zum benachbarten Zimmer geöffnet zu lassen.

Denn besonders nachts atmen wir viele Giftstoffe aus, die wir natürlich auch teilweise wieder einatmen, wenn die Luft im Raum nicht ausreichend zirkulieren kann.

Kapitel 8

Energiefaktor Nr. 3 – Sport und Bewegung

Die entscheidende Frage im Zusammenhang mit Sport ist nicht, welche Sportart wir wählen, sondern dass wir überhaupt aktiv werden. Dass Sport und Bewegung als Ausgleich unserer weitgehend sitzenden Tätigkeiten notwendig ist, sollte heute jeder wissen.

Bewegungsmuffel finden natürlich genügend Entschuldigungen und Vorwände.

Fest steht aber: Sie brauchen Bewegung. Sie brauchen die richtige Bewegung. Und: Sie brauchen Spaß an der Bewegung.

Für alle Vereinsmenschen ist Sport eine willkommene Gelegenheit, um mit anderen zusammen regelmäßig Spaß zu haben. Aber Achtung: Nicht jeder ist für den Mannschaftssport geeignet; gerade Personen, die sehr ehrgeizig sind und nach oben wollen, sind häufig nicht bereit, sich den Prinzipien und den Regeln einer Mannschaft unterzuordnen.

Gerade bei dieser Klientel finden wir häufig Personen mit der Neigung zu Einzel- oder Extremsportarten. Hier gilt es also aufzupassen, dass Sport nicht in Stress ausartet.

Wir müssen uns also bewegen. Aber wie? Das ist die entscheidende Frage.

Nachdem ich persönlich allerhand verschiedene Sportarten (Krafttraining, Kampfsport, intensives Skifahren) durchexerziert und mich mit den verschiedensten Thematiken über Fitness und Energie auseinander gesetzt habe, komme ich zu einem eindeutigen Ergebnis:

Wir müssen uns aerob bewegen.

Was das heißt, werden wir gleich klären.

Leider habe ich lange gebraucht, um zu dieser (letztendlich einfachen und einleuchtenden) Erkenntnis zu kommen.

Meine Ärzte fragten mich immer wieder:
„Treiben Sie Sport?“

„Selbstverständlich“, konnte ich antworten, „ich mache ein- bis zweimal in der Woche Krafttraining, Kampfsport, fahre im Winter Ski.“

Ich dachte, ich bekäme jetzt zur Antwort: „Super! Weiter so, alles in Ordnung.“

Dem war aber nicht so. Was ich zu hören bekam, das war, dass ich keinen Stress machen, sondern z. B. inlineskaten, Rad fahren oder joggen solle – und dies nicht mit meinem gewohnten Ehrgeiz, sondern ganz locker. Und das mindestens drei- bis fünfmal in der Woche mindestens zwanzig Minuten lang.

Jogger wurden jedoch seinerzeit von mir lediglich belächelt.

Wenn man jedoch einmal unseren Außenminister Joschka Fischer betrachtet, sollte uns das anspornen. Kurzum, Sie sollten versuchen, täglich dreißig Minuten im aeroben Zustand Sport zu treiben. Und beachten Sie:

Aerob heißt: im Sauerstoffüberschuss zu sein.

Ihre Muskeln haben dann genügend Sauerstoff, um Fett zu verbrennen.

Das funktioniert nur, wenn Sie sich nicht so stark anstrengen, dass Ihnen die Luft ausgeht (anaerob = im Sauerstoffmangel befindlich). Wenn Sie sich zu stark anstrengen, geht dem Muskel der Sauerstoff aus, und er verbrennt kein Fett mehr, sondern Kohlenhydrate.

Theoretisch gesehen ist dies völlig einleuchtend. Aber um viel Fett zu verbrennen (Vorbeugung von Arteriosklerose; der Kopf wird frei, der Körper voller Energie), müssen Sie zunächst einmal wissen, wo bzw. bei welcher Pulsfrequenz Ihr individueller aerober Bereich liegt, innerhalb dessen Sie sich bewegen sollten.

Das ist von Mensch zu Mensch höchst unterschiedlich und muss präzise eingehalten werden, sonst bringt Ihnen die ganze sportliche Betätigung nichts, im Gegenteil, der Schuss geht nach hinten los.

Ihren persönlichen aeroben Bereich können Sie sich vom Arzt ermitteln lassen, oder noch besser, Sie bestimmen Ihn jeweils selbst neu, weil er aufgrund von Stress, Schlaf, Ernährung usw. täglich variieren kann. Dafür gibt es mittlerweile erschwingliche Pulsmessgeräte, mit denen Sie in drei bis zehn Minuten Ihren individuellen aeroben Bereich erfassen und gleichzeitig automatisch in diesem Gerät abspeichern können.

Da der optimale Bereich, also Pulsobergrenze und Pulsuntergrenze, nicht nur optisch angezeigt wird, sondern auch akustisch, gestaltet sich dies einfach. Unterschreiten Sie die Pulsuntergrenze, so erhalten Sie einen Piepton und geben ein bisschen Gas. Überschreiten Sie die Pulsobergrenze, bekommen Sie ebenfalls einen Piepton und nehmen Gas zurück.

Ganz einfach, nicht wahr?

Unsere weitere Überlegung sollte nun dahin gehen, welche Bewegung für uns optimal ist und circa dreißig Minuten lang andauern kann.

Das lässt sich relativ leicht herausfinden. Die optimale Bewegung beansprucht möglichst viel Muskelmasse zur Verbrennung, und zwar nicht zur Verbrennung von Zucker (Kohlenhydraten), sondern von Fett.

Wenn man diese beiden Faktoren berücksichtigt, kommt man relativ schnell aufs Joggen. Denn beim Laufen können die meisten Muskeln aerob bewegt werden, und dies auch (mit etwas Übung) bei einer Dauer von dreißig Minuten.

Nun ist es vergleichsweise einfach, im Sommer mit dem Joggen zu beginnen. Aber im Winter, wenn es morgens noch recht lange dunkel und oft nass ist, kommen einem die Ausreden schon relativ leicht in den Sinn.

Dieses Problem habe ich mit einem Laufband gelöst, so dass es jetzt überhaupt keine Entschuldigung mehr gibt. Außerdem kann ich gleichzeitig wunderbar lehrreiche Videos ansehen und damit die Zeit parallel für die Weiterbildung nutzen, oder Musik hören.

Unter diesem Gesichtspunkt ist ein Laufband sicherlich eine sehr lohnenswerte Investition.

Kapitel 9

Energiefaktor Nr. 4 – Richtige Fragen für mehr M.E.P®

Was haben die richtigen Fragen mit Energie, mit Glücklichsein zu tun?

Es ist mir fast peinlich, dass es Jahre gedauert hat, bis ich endlich auf diese wichtige Erkenntnis gekommen bin.

Seit immerhin 1988 halte ich regelmäßig Rhetorik-Seminare ab (mindestens zwanzig bis dreißig pro Jahr.)

In meinen Rhetorik-Trainings verfolge ich ein sehr ehrgeiziges Ziel.

Jeder Teilnehmer soll nach den zwei intensiven Trainingstagen in der Lage sein, eine Stegreifrede zu einem Thema zu halten, das ihm fremd ist.

Aus Trainingszwecken verwende ich zum Teil absurde Themen, wie zum Beispiel eine Rede über das „Liebesleben der Maikäfer im Rückenflug". Die Vorbereitungszeit für die Teilnehmer ist gleich null, da ich Ihnen die jeweiligen Themen erst nenne, wenn sie schon vor der Gruppe stehen und sie dann sofort loslegen sollen.

Sie werden es vielleicht für unwahrscheinlich halten, aber es ist mir bis zum heutigen Tage gelungen, dass jeder Teilnehmer diese Fähigkeit erlernt hat.

Natürlich funktioniert so ein Spiel nur mit einer genauen Anweisung und einem guten Konzept. Dieses Konzept vermittle ich den Seminarteilnehmern natürlich vorher und lasse sie dann anschließend mit Hilfe von Videokontrolle üben.

Ich bin jedes Mal wieder erstaunt, wie schnell die Seminarteilnehmer diese Fähigkeit erlernen und praktisch umsetzen. Und natürlich bin ich auch stolz auf die erzielten Resultate.

Im Wesentlichen beruht das Konzept auf dem geistigen Beantworten von Fragen, die der Teilnehmer sich selbst zu dem jeweiligen Thema in der richtigen Reihenfolge stellt.

Diese Methode macht nicht nur für das Erlernen einer Stegreifrede Sinn, sondern funktioniert ganz allgemein.

Wie das ?

Alles Denken in Ihrem Kopf ist immer nur eine Abfolge von Fragen und Antworten.

Vielleicht fragen Sie sich zum Beispiel beim Lesen dieser Aussage, ob sie überhaupt stimmt.

Gleichgültig was Sie den ganzen Tag über machen, womit Sie sich beschäftigen, letztendlich stellen Sie sich selbst kontinuierlich Fragen und erhalten von Ihrem Gehirn die entsprechenden Antworten.

So können Sie sich beispielsweise fragen, was diese Erkenntnis Ihnen bringen könnte, und ich bin sicher, Sie erhalten die entsprechende Antwort.

Genauso gut können Sie sich fragen, warum in Ihrem Leben so vieles nicht klappt, warum es beispielsweise mit der letzten Beförderung nicht geklappt hat, und Sie erhalten die entsprechende Antwort. Und wenn Sie dann ehrlich sind, müssen Sie zugeben, dass es letztendlich so richtig war.

Sie können sich fragen, warum Sie nicht abnehmen wollen oder warum es Ihnen im Moment nicht so gut geht, und ich bin sicher, dass Ihr Gehirn Ihnen die entsprechenden Antworten liefern wird.

Weil all unser Denken letztendlich eine Sache von Fragen und Antworten ist, ist die logische Konsequenz daraus natürlich, dass wir uns über die *richtigen Fragen* Gedanken machen müssen.

Natürlich könnten Sie sich jetzt fragen, was denn die *richtigen Fragen* sind. Um Ihnen zu helfen, aus dem altem Trott und den vielleicht vornehmlich negativen Fragen herauszukommen, möchte ich Ihnen einfache, aber wirkungsvolle Tipps geben, Tipps zur Energiegewinnung und nicht zur Energievernichtung.

Tipp

Wenn in Ihrem Leben irgendwelche Dinge nicht so gelaufen sind, wie Sie es erwartet haben – und solche Situationen gibt es in unser aller Leben –, so sollten Sie ab sofort nicht mehr Fragen nach der Vergangenheit stellen. Die Vergangenheit ist unwiderruflich vorbei, kommt nie mehr wieder und kann sowieso nicht mehr geändert werden.

Es ist sinnlos sich zu fragen, warum ausgerechnet Ihnen das passiert ist, oder welche Konsequenzen das alles für Sie haben wird, denn:

1. Ihr Gehirn liefert Ihnen garantiert die entsprechenden negativen Antworten, und Sie fressen sich erst recht in die Angelegenheit hinein.
2. sind destruktive Fragen enorme Energieräuber.
3. ist es statistisch gesehen ohnehin sinnlos, sich über mögliche Fehlentscheidungen den Kopf zu zerbrechen, weil von den erwarteten Problemen höchstens zehn Prozent eintreffen (d. h. um neunzig Prozent haben Sie sich umsonst gesorgt). Von diesen zehn Prozent können Sie statistisch gesehen mindestens sieben Prozent leicht selbst lösen, so dass nur etwa drei Prozent überhaupt ein reales Problem darstellen.

Tipp

Stellen Sie also viel mehr Fragen, die sich auf Ihre Zukunft richten, denn das ist es, was Sie neben der Gegenwart aktiv gestalten können.

Fragen bzw. sagen Sie sich zum Beispiel bei einem Problem:

- Wie sieht die gute Seite meines Problems aus, denn jedes Problem hat auch eine gute Seite.
- Probleme sind ungelöste Erfolge.
- Was ist das Positive an diesem Problem?
- Wie kann ich aus diesem Problem Profit schlagen?
- Wie komme ich durch dieses Problem meinem Lebensziel näher?

Sie werden, ob Sie es glauben oder nicht, auch bei solchen Fragen die entsprechenden Antworten aus Ihrem Gehirn erhalten und jede Menge positiver, aufbauender Energie gewinnen.

Während ich dieses Buches schrieb, passierte zum Beispiel Folgendes.

Nachdem wir ein Haus gekauft und dieses über ein halbes Jahr lang komplett renoviert hatten, konnten wir endlich in dieses Haus einziehen und die neue Umgebung genießen.

Nun begab es sich, dass ein Unwetter mit gewaltigen Regenmassen und Sturm losging, als ich gerade zu einem Seminar starten wollte. Das Dilemma begann. Wasser drang in den Keller, in das frisch renovierte Haus ein. Das Einzige, was ich zu diesem Zeitpunkt, bevor ich endgültig das Haus verlassen musste, um mein Flugzeug zu erreichen, noch tun konnte, war, entsprechende Handwerker zu benachrichtigen bzw. zu bestellen.

Unmittelbar bevor ich ins Flugzeug einsteigen und mein Handy ausschalten musste, erreichte mich der Anruf meiner Frau, dass die ganze Angelegenheit eine größere Sache (evtl. mit neuem Sickerschacht; der neu angelegte Garten würde wieder aufgebuddelt werden müssen) zu werden schien. Na prima!

Sie können sich sicherlich vorstellen, mit welchen Gefühlen und wie motiviert ich ins Flugzeug gestiegen bin. In einer solchen Situation klingt es schon ein wenig verrückt, sich selbst Fragen zu stellen wie:

1. Was ist das Positive an dieser Situation?
2. Wie kann ich von dieser Situation profitieren?
3. Wie komme ich dadurch meinem Lebensziel näher?

Ich versuchte es trotzdem. Und der Versuch hatte sich gelohnt. Nach meinem einstündigen Flug konnte ich es kaum erwarten, auszusteigen und endlich mein Handy wieder anschalten zu können, um meine Frau anzurufen.

Die Lösung des Problems gestaltete sich auf einmal recht positiv.

Wir entschieden, einen neuen Sickerschacht bauen zu lassen, der dann das überschüssige Wasser aufnehmen sollte, und das Tollste daran war, wir konnten dadurch einen schönen funktionierenden Brunnen mit Dach realisieren, was sowieso schon seit längerer Zeit ein Traum von uns war. Die bisher gestaltete Außenanlage würde dadurch keinen oder kaum Schaden nehmen, sondern konnte eher noch schöner gestaltet werden.

Meine Frau freute sich, und ich mich natürlich auch, ob dieser genialen Lösung des Problems.

Natürlich gäbe es auch viele Beispiele aus dem Wirtschaftsleben, die ich nennen könnte; ich habe jedoch ganz bewusst dieses Beispiel gewählt, um zu verdeutlichen, dass es auch im privaten Alltag keine Situation gibt, in der die richtige Fragestellung nicht hilft.

Also, bitte bei irgendwelchen vermeintlichen Problemen nicht den Kopf in den Sand stecken, sondern die richtigen Fragen stellen!

Es kann Ihnen im Leben sowieso nichts passieren. Außerdem gilt: Entweder die Dinge sind ohnehin gut, oder Sie erhalten wertvolle Hinweise, wo Sie noch nicht perfekt sind und sich verbessern können. (Funktioniert allerdings nur, wenn Sie die volle Verantwortung für Ihr Leben übernehmen. Eine absolute Voraussetzung für Erfolg!)

Kapitel 10

Energiefaktor Nr. 5 – Konzentration

Konzentration ist einer der wichtigsten Schlüssel zur Energie, zum Glücklichsein.

Konzentration ist gebündelte Energie. Durch Konzentration verdichtet sich Ihre Lebensenergie wie ein Laserstrahl.

Mit einem Laserstrahl (gebündeltes Licht) ist man heute in der Lage, selbst dicke Stahlplatten zu zerschneiden.

Mit Konzentration werden die scheinbar belanglosesten Tätigkeiten zu einem reinen Lustgewinn und erzeugen Glücksgefühle und Energie.

Alle großen Meister der fernöstlichen Philosophie, z. B. des Zen-Buddhismus, waren Meister der Konzentration. Und zwar der Konzentration auf den Augenblick.

Vielleicht kennen Sie die folgende Geschichte, in der ein Zen-Meister gefragt wurde, was er denn unternähme, um glücklich und energievoll zu sein.

Er sagte:

„Wenn ich gehe, dann gehe ich.
Wenn ich sitze, dann sitze ich.
Wenn ich esse, dann esse ich.
Wenn ich arbeite, dann arbeite ich."

Darauf gab der Fragende zur Antwort, dass er doch genau dasselbe mache.

„Nein", entgegnete der Meister:

„Wenn Sie gehen, dann sitzen Sie schon,
wenn Sie sitzen, dann essen Sie schon,
wenn Sie essen, dann arbeiten Sie schon, und
wenn sie arbeiten, dann gehen Sie schon."

Die Kunst besteht also darin, jederzeit im absoluten *Jetzt* zu leben.

Wenn wir es schaffen könnten, jede Sekunde mit allen fünf Sinnesorganen zu erfassen und zu erleben, dann hätten wir das maximale Maß an Lebens- und Energieerfüllung.

Oder andersherum ausgedrückt:

Jede Sekunde, in der Sie sich nicht im Hier und Jetzt befinden, frisst Ihnen ganz einfach Energie aus dem Hier und Jetzt weg. Sie erleiden also einen Energieverlust.

Noch anders ausgedrückt:

Je mehr Sie in der Lage sind, den Augenblick mit allen fünf Sinnen bewusst zu erfassen, um so mehr Lustgewinn und Freude haben Sie an diesem Augenblick.

Da meine Seminare sich häufiger auch als Lebensberatungsseminare gestalten, werde ich hin und wieder gefragt, was denn meiner Meinung nach der Sinn des Lebens sei.

Wenn ich knapp antworten muss, dann sage ich ganz einfach:

**„Der Sinn des Lebens ist zu leben.
Nicht gestern, nicht morgen, sondern heute.
Jetzt – in diesem Augenblick."**

Leider werden sehr viele Menschen permanent von zwei Bestien angegriffen, gegen die sie sich verteidigen müssen.

Auf der einen Seite lauert die Bestie der Vergangenheit, die rosarot gefärbte Erinnerung an das, was früher alles besser war. Die Sehnsucht, in die Vergangenheit zurückzukehren.

Auf der anderen Seite steht die Bestie der Zukunft mit all ihren Erwartungen und Hoffnungen nach dem Wenn-dann-Prinzip. „Wenn ich dieses oder jenes Ziel erreicht habe, dann fange ich an zu leben …“ (Realistisch gesehen ist es dann meistens zu spät.)

Der Kampf, die Auseinandersetzung mit diesen beiden Bestien, beansprucht bei den meisten Menschen derartig viel Energie und Aufmerksamkeit, dass sie mit der Gegenwart nicht mehr klar kommen. Sie entgleitet ihnen, rinnt ihnen unaufhaltsam durch die Hände wie feiner Sand.

Nun leben wir ja in einer materialistischen Welt, in der es schon rein wirtschaftlich schwierig wäre, zehn Jahre in ein Kloster zu gehen, um das Leben im Hier und Jetzt, im Augenblick zu üben und absolut *absichtslos* zu werden. Ich denke, bis dahin wären die meisten von uns wirtschaftlich in Konkurs gegangen oder zumindestens soweit „out of time“, dass es schwierig würde, danach noch in unserer Wirtschaftswelt Fuß zu fassen.

Doch das Leben im absoluten Jetzt bedeutet nicht, dass wir ziellos sein sollen. Nein, wir brauchen Ziele (siehe dazu Kapitel 12, Energiefaktor Ziele).

Um in unserer modernen und schnelllebigen Welt zu mehr Konzentration zu gelangen, benötigen wir einfache praktikable Übungen, die uns helfen, unsere Konzentration zu bündeln, und uns mehr Energie, mehr M.E.P®, mehr Glücksgefühle ermöglichen.

Aus diesem Grunde habe ich neue praktikable Methoden entwickelt, die wir auch im Alltag trainieren können, ohne uns in irgendwelche Formen des Ausssteigertums flüchten zu müssen.

Ihre Hilfsmittel für diese Übungen sind: Notizzettel, Kugelschreiber und eine mechanische Handzähluhr.

(Eine solche Handzähluhr erhalten Sie z. B. bei einer der Filialen der Fa. Conrad, Deutschland, im Bereich Messtechnik; www.conrad.de).

Bei diesen Übungen geht es in erster Linie darum, dass Sie (zunächst bei ganz alltäglichen Tätigkeiten) Ihr Bewusstsein darin schärfen, sich voll und ganz auf das zu konzentrieren, was Sie im Augenblick tun.

Übung Nr. 4:

Nehmen wir einmal eine ganz normale Autofahrt von A nach B.

Fahrzeit planmäßig ca. 2 Stunden

Also schreiben sie auf Ihren Notizzettel:

Fahrt von A nach B:
Datum :
Uhrzeit:
Anzahl der bemerkten gedanklichen Abschweifungen:

Versuchen Sie bitte nun, sich während dieser Autofahrt hundertprozentig nur auf das Autofahren zu konzentrieren.

Jedes Mal, wenn Sie sich dabei erwischen, dass Sie sich geistig mit anderen Dingen als dem Autofahren beschäftigen, drücken Sie auf Ihren Handzähler.

Am Ende der Autofahrt lesen Sie die Anzahl der Momente, in denen Sie in Ihrer Konzentration abgeschweift sind, von Ihrem Handzähler ab und notieren Sie sie auf Ihrem Notizzettel.

Das Ziel dieser Übung ist, im Laufe der Zeit die Anzahl der Abschweifungen zu reduzieren.

Sie werden feststellen, dass Sie schon allein durch den Erziehungseffekt einer solchen Übung sehr schnell Erfolge erzielen.

Eine solche Übung wird Ihnen leichter fallen, wenn Sie ständig abwechselnd und bewusst Ihre Wahrnehmungskanäle ändern.

So könnten Sie sich abwechselnd fragen:

- Was sehe ich alles? (Nicht nur das grobe Bild, sondern auch möglichst viele Details.)
- Was höre ich alles? (Hören Sie auf den Motor, das Singen der Reifen, die Windgeräusche, möglichst bis zum Ventilspiel etc.)

- Was rieche ich alles? (Rieche ich vielleicht den Duft von außen oder z. B. nur meinen eigenen Zigarettengestank?)

- Was fühle ich alles? (Spüre ich die Kräfte auf meinen Körper einwirken, z. B. Verzögerungs-, Beschleunigungs-, Fliehkräfte, Erschütterungen?)

- Was schmecke ich alles? (Welchen Geschmack habe ich z. B. im Moment im Mund?)

Sie werden feststellen, dass

1. die Autofahrt Ihnen viel mehr Spaß als sonst gemacht hat,
2. Sie viel besser und konzentrierter Auto fahren,
3. die Zeit wie im Fluge vergeht.

Jedes Mal, wenn wir uns hundertprozentig auf eine Sache konzentrieren, können wir diese in vollen Zügen genießen.

Nachdem Sie feststellen konnten, wie wirkungsvoll und angenehm so eine Konzentrationsübung ist, können Sie diese Übung auch auf andere einfache Tätigkeiten übertragen.

Übung Nr. 5:

Stellen Sie sich immer wieder die gleichen Fragen, wie bei der vorherigen Übung Nr. 4 („Was sehen, riechen, hören, fühlen, schmecken Sie?“), nehmen Sie Ihren Handzähler, und notieren Sie die Ergebnisse.

Sehr schön ist diese Übung auch beim Essen. Sie ahnen überhaupt nicht, wie viel Genuss damit verbunden sein kann.

Wenn Sie es nach einigem Üben fertig bringen, sich drei Minuten lang die Zähne zu putzen, ohne an irgendeine andere Sache zu denken, außer an Ihr Zähneputzen, dann sind Sie auf dem richtigen Weg.

Sie werden durch Ihre Übungen in Ihrem Kopf unzerstörbare Eiweißmoleküle aufbauen, die ganze Angelegenheit automatisiert sich, oder knapp ausgedrückt:

Was man übt, das kann man, was man kann, das liebt man.

Das Ganze kann zu einer positiven Sucht werden.

Damit Sie diese Suchtreaktion auslösen, sollten Sie wenigstens drei Wochen lang täglich Ihre Konzentrationsübungen machen.

Kapitel 11

Energiefaktor Nr. 6 – Stimmungspflege

Nach verschiedenen Umfragen, welches denn die wichtigsten Aufgaben einer Führungskraft seien, stehen an erster Stelle fast immer die gleichen Ergebnisse:

1. Mitarbeiter motivieren.
2. Durchsetzungsvermögen.
3. Die Fähigkeit, Entscheidungen zu treffen.

Um motivieren zu können, müssen Sie jedoch selbst motiviert, selbst in guter Stimmung sein.

Denn: Nur Hochstimmung erzeugt Spitzenleistung.

Damit stellt sich konkret die Frage:

„Wie bringe ich mich selbst in Stimmung?“

Nun, eine ganze Reihe von Maßnahmen haben Sie in diesem Buch schon kennen gelernt. Denken Sie nur an den Sport oder das richtige Atmen.

In meinen Schulungen habe ich von Zeit zu Zeit Brainstormings durchgeführt mit der Frage, was die einzelnen Schulungsteilnehmer denn so in Stimmung bringt, welche Maßnahmen Sie konkret unternehmen, um ihre eigene Stimmung zu heben.

Hierzu ein Auszug der am häufigsten genannten Punkte:

- Sich an seine größte Stärke erinnern (oder erinnern lassen).
- Sich an frühere Erfolge erinnern.
- Sich an die Gefühle, die mit diesen Erfolgen verbunden sind, erinnern.
- Sich die Erreichung seines Ziels mit allen Sinneskanälen vorstellen.
- Sich bewusst machen, was Sie schon erreicht haben.
- Anderen Menschen helfen (Tipps und Ratschläge geben, Spenden geben etc.).
- Sich mit positiven, erfolgsorientierten Menschen umgeben und sich „anstecken“ lassen.
- Aufbauende Bücher lesen.
- Motivierende Schulungen besuchen.
- Positiver Eigendialog.
- Humor.
- Lachen, lachen, lachen.
- Charmant zu anderen sein.
- Positives Denken.

Unter dem letztgenannten Punkt „positives Denken“ könnte man im Grunde alle vorher genannten Punkte subsumieren. Aber wieso ist positives Denken so wichtig für uns? Mehr noch: Ist positives Denken nicht gar die Voraussetzung für unsere Zukunft?

Sie werden in den folgenden Kapiteln noch lesen, wie wichtig Ziele für Sie sind, und können daraus folgern, dass wenn Sie sich mit Zielen beschäftigen, Sie sich auch mit Ihrer Zukunft beschäftigen.

Wenn Sie sich mit der Zukunft beschäftigen, dann macht das wiederum nur Sinn, wenn Sie an die Zukunft glauben. Und das kann nur ein Optimist.

(Ein Pessimist, der an die Zukunft glaubt, das ist paradox, das geht einfach nicht.)

Wenn Sie jedoch ein Optimist sind, dann verpflichtet Sie das wiederum zu positivem Denken. So einfach ist das.

Wenn Sie positives Denken praktizieren, dann bitteschön aber richtig, sonst landen Sie irgendwann einmal in einem Seminar für „Geschädigte des positiven Denkens“ (soll es schon geben).

Das kann insofern leicht passieren, als Sie den Bogen überspannen und nur noch positiv denken; wenn Sie morgens vor dem Spiegel stehen und schon anfangen mit Eigendialogen à la: „Ich kann, was ich will. Ich werde alle meine Ziele erreichen. Ich bin der/die Größte ...“.

So laufen Sie nämlich Gefahr, an der großen Kluft, die sich unweigerlich zwischen Wunsch (Ich bin der/die

Größte) und Realität (Blick auf den Kontoauszug) auftut, zu verzweifeln. Für manche Menschen besteht gar die Gefahr, dass sie an dieser selbst kreierten Diskrepanz regelrecht zugrunde gehen.

Doch deswegen ist positives Denken noch lange nichts Schlechtes.

Aber positives Denken ist auch keine Traumtänzerei, sondern knallharte Realität. Warum? Weil sich zum positiven Denken einerseits ein positiver Glaube, andererseits vor allem positives Handeln gesellen muss.

Es nützt nichts, wenn Sie nur positiv denken, sondern Sie müssen auch positiv glauben und vor allem positiv handeln.

Da unser Unterbewusstsein unweigerlich bei all unserem Tun Verknüpfungen herstellt, würden wir in unserem Unterbewusstsein bei *positivem Denken* und *negativem Handeln* folgendes Programm stricken:

„Positives Denken hat mit negativen Handeln zu tun."

Das hätte allerdings zur Folge, dass der Schuss voll nach hinten losgeht.

In meinen Seminaren bekomme ich sehr häufig die Frage gestellt, wie denn nun das positive Denken in der Praxis funktionieren soll.

Viele Seminarteilnehmer berichten mir immer wieder, dass Sie auf Schulungen für positives Denken waren, Suggestionstexte auswendig gelernt haben, aber in der Realität einfach nicht reüssieren.

„Ich will ein positiver Mensch sein, aber ich schaffe es einfach nicht."

In der Regel gebe ich dann sinngemäß folgenden Tipp:

Statt mit dem Denken zu beginnen, empfehle ich, beim Handeln anzusetzen. Probieren Sie es selbst einmal aus.

Tipp

Versuchen Sie einen Monat lang ganz konkret positiv zu handeln, sich und anderen ganz einfach permanent positive Signale zu geben.

Das Ergebnis ist verblüffend. Auf einmal klappt es dann auch mit dem Denken, und eine positive Kettenreaktion nach der anderen wird ausgelöst, der positive Kreislauf kommt in Gang.

Die positive Kettenreaktion ist folgende:

Alles beginnt mit Ihren Vorstellungen, Wahrnehmungen, Gedanken und Handlungen. Wenn Sie diese Dinge positiv gestalten, sind Sie in einem klaren Aufwärtstrend.

Sie werden sich dann gesünder, glücklicher, vitaler und entspannter fühlen. Sie sehen besser aus, gesunden schneller, Ihr Stoffwechsel wird gefördert.

Da ich mit diesem Buch nicht die Absicht verfolge, der langen Literaturliste zum Thema positives Denken ein weiteres Werk hinzuzufügen, will ich im Folgenden nur in Kurzform die wichtigsten Gesetze des positiven Denkens zusammenfassen:

1. Der Mensch ist, was er denkt.

Unsere augenblicklichen Gedanken leiten und motivieren uns. Wir reden und handeln so, wie wir gerade denken.

Fazit: Fragen Sie sich immer wieder, ob Ihre augenblicklichen Gedanken Sie Ihrem Lebensziel näher bringen.

2. Was der Mensch denkt, strahlt er aus.

Was Sie über andere denken, drücken Sie durch Ihre Körpersprache nach außen aus. Vielleicht nicht unbedingt in Routinesituationen, aber spätestens wenn Sie in Stress geraten.

Fazit: Wenn Sie anderen gegenüber eine positive Ausstrahlung erreichen wollen, dann laden Sie sich einfach vor jedem Dialog mit positiven Gedanken über diese Person auf.

3. Was der Mensch ausstrahlt, zieht er an.

Positive Gedanken erzeugen positive Reaktionen und umgekehrt. Das baut ungemein auf.

Fazit: Sie wissen, Gedanken sind Energie. Energie lässt sich nicht vernichten. Also auch der Gedanke nicht. Jeder Gedanke wird also etwas bewirken. Das verpflichtet ganz einfach zu positiven Gedanken.

4. Der Mensch bekommt nicht das, was er will, sondern das, woran er glaubt.

Wie heißt es doch in der Bibel: Der Glaube kann Berge versetzen.

Fazit: Konkret bedeutet dies, dass Sie nicht nur positiv denken, sondern auch positiv glauben und vor allen Dingen auch positiv handeln sollten. Nur dann entwickeln sich auch wirklich positive Antriebskräfte.

5. Wir bewegen uns auf das Ziel hin, mit dem wir uns gedanklich am meisten beschäftigen.

Ziele haben so etwas wie eine magnetische Kraft. Und je stärker sie sind, desto mehr ziehen sie uns an.

Fazit: Je mehr wir unsere Gedanken auf unser Ziel konzentrieren, desto größer sind unsere Erfolgschancen. Durch Konzentration bündeln wir unser M.E.P® wie einen Laserstrahl.

6. Wir sind exakt so erfolgreich, wie unsere Gedanken über uns selbst es zulassen.

Menschen, die ihre Erfolgslatte relativ niedrig hängen, werden es niemals zur Meisterschaft bringen. Sie beschränken sich dadurch, dass sie ihre Grenzen viel zu eng setzen.

Fazit: Je höher die Meinung über sich selbst ist, desto höher sind auch die eigenen Erfolgschancen.
Greifen Sie bei Fehlern oder Misserfolgen nie Ihr eigenes Selbstbild an.

Positives Denken ist also nichts Theoretisches, sondern eine wirklich praktische Angelegenheit. Die genannten sechs Kerngesetze sind zwar einfach, aber sehr wirkungsvoll, wenn Sie sie auch wirklich praktisch anwenden.

Kapitel 12

Energiefaktor Nr. 7 – Ziele

Ziele zu haben soll Energie bringen?
Ziele zu haben soll glücklich machen?
Ziele zu haben soll erfolgreich machen?
Wieso sind Ziele überhaupt so wichtig?

Sie können fast jedes Buch über Erfolg, persönliche Entwicklung oder Lebensführung in die Hand nehmen, die unterschiedlichsten Seminare besuchen – meistens werden Sie auch etwas über Ziele erfahren. Die Formulierung persönlicher Ziele steht am Beginn jeglicher Weiterentwicklung.

Doch wenn man die Menschen einmal ganz konkret nach ihren Zielen fragt, erhält man nur selten eine aussagefähige Antwort. Meist bekommt man Sätze zu hören wie:

„Ich bin ganz zufrieden."
„Ich muss mir einmal Gedanken machen."

Oder Antworten wie:

„Ich möchte einmal in einem schönen Haus wohnen.“ „Wäre toll, einmal einen schicken Sportwagen zu besitzen.“

Die wenigsten Menschen haben wirkliche Lebensziele oder Visionen davon, was sie in ihrem Leben erreichen möchten. Dabei steht fest:

Wer keine Ziele hat, kann auch keine erreichen.

Wie bei so vielen Fragen der Lebensführung erhalten wir durch unsere Ausbildung keine Hinweise darauf, wie man sich Ziele setzt und welche Bedeutung das hat. Lassen Sie uns deshalb das Thema Ziele anhand von zwei Kardinalfragen erschließen.

Frage 1: Was bewirken Ziele bei uns, wenn wir denn welche haben?

Ziele verändern zuallererst unsere Wahrnehmung, und zwar über alle fünf Sinnesorgane.

Das heißt konkret: Alles, was Sie sehen, hören, fühlen, riechen und schmecken, nehmen Sie anders wahr.

Ihre Wahrnehmung ist ohnehin nie objektiv, sondern immer subjektiv. Das lässt sich zum Beispiel durch die Quantenphysik belegen.

Je nach Betrachtungsweise sehen wir Körper als Materie oder auch als Schwingung. (Siehe auch Kapitel 1).

Ihre Wahrnehmung ist *immer* subjektiv, von Ihren Wünschen, Interessen, Begehrlichkeiten und Zielen abhängig.

Wenn Sie zum Beispiel abends nach Hause kommen und Ihr/e liebe/r Lebenspartner/in einen tollen Braten in der Röhre hat, Sie so richtigen Heißhunger verspüren, dann kann ich Ihnen versichern, dass Sie schon an der Haustür feststellen, wie toll der Braten riecht, und vielleicht läuft Ihnen das Wasser im Munde zusammen.

Stellen Sie sich die gleiche Situation vor, nur mit dem Unterschied, dass Sie keinen Hunger auf Braten haben, sondern sich vielmehr auf Ihre/n Lebenspartner/in freuen. Dann kann ich Ihnen versichern, dass Sie weniger vom Bratenduft als vom Parfum Ihrer Partnerin oder des Partners betört werden. Auch visuell wird Ihr Augenmerk woanders liegen, als wenn Sie Hunger hätten. Ihr gesamter Wahrnehmungsapparat ist ausgerichtet auf Ihre/n Partner/in, nicht wie im ersten Beispiel auf das leckere Essen.

Sie schalten automatisch die entsprechenden Filter Ihrer Wahrnehmungskanäle ein.

Deswegen ist es so wahnsinnig wichtig, Ziele zu haben. Denn ohne Ziele können Sie Ihre Wahrnehmung nicht fokussieren, keine Filter aktivieren. Ihre Wahrnehmung ist dann abhängig von Ihrer Tagesform, der jeweils aktuellen Situation. So nach dem Motto:

„Heute vorne, morgen hinten, übermorgen rechts und dann eventuell wieder links."

Da Sie Ihre Wahrnehmung nicht in eine bestimmte Richtung lenken, treten Sie auf der Stelle und wissen nicht, wohin Sie sich wenden sollen.

Zum Glück gibt es jedoch Leute, die Ihnen Ziele vorgeben, die Ihnen den Weg weisen, damit Sie sich entwickeln können. Zwar vielleicht nicht in die Richtung, die für Sie die beste und richtige wäre, so doch wenigstens in deren Richtung. Allerdings bedeutet dies, Sie lassen sich fremdsteuern, und das völlig unnötigerweise.

Wenn Sie selbst ein richtiges Ziel haben, dann nehmen Sie automatisch alles wahr, was mit diesem Ziel in irgendeiner Form in Verbindung steht. Sie entdecken automatisch in den Medien die richtigen Informationen, Sie treffen andere Menschen und erkennen, dass diese Ihnen weiterhelfen können. Sie haben den Mut und die Energie, diese Personen auch anzusprechen. Sie entwickeln sich automatisch in die Richtung Ihres Zieles.

Jeder Tag ist voller Chancen, nur: ohne Ziel können wir sie nicht erkennen. Wenn Ihr Ziel klar ist, treffen Sie auf einmal viele Personen, die Ihnen weiterhelfen, lesen Sie „zufällig" die richtigen Artikel.

Andere werden sagen: „Der hatte Glück".

Doch Glück ist, wenn Vorbereitung und Chance zusammentreffen – und nur mit klaren Zielen werden Sie Ihre Chancen erkennen.

Hinzu kommt, dass auch Ihr Unterbewusstsein zu einem kraftvollen Helfer wird, indem es Ihnen die nötige Energie zur Verfügung stellt.

Wenn Sie morgens wach werden und es kaum noch erwarten können, an der Erreichung Ihrer Ziele zu arbeiten, wenn Sie sich bremsen müssen, dass Sie nicht im wahrsten Sinne des Wortes Tag und Nacht arbeiten, dann wissen Sie, wieviel Energie Sie durch Ihre Ziele erhalten.

Frage 2: Wie kommen wir zu qualifizierten Zielen?

Um es gleich vorweg zu sagen: sich einmal über die eigenen Ziele Gedanken zu machen, damit ist es nicht getan.

Denn Sie müssen Ihre Ziele nicht nur entwickeln, sondern auch Ihren derzeitigen Standpunkt bestimmen.

Gehen Sie so vor, als seien Sie Ihr eigener Unternehmensberater, Ihr eigener Coach.

Was macht ein Unternehmensberater? Er geht vor wie ein Kapitän. Stellen Sie sich Ihr Leben als Schiff vor.

Was macht ein Kapitän auf dem Schiff, wenn die Wellen sich überschlagen, die Brecher kommen, es dunkel wird, sich das Schiff im Kreis dreht und die Situation höchst bedrohlich ist?

Ein Kapitän geht wie ein Unternehmensberater in vier Schritten vor.

1. Er holt seinen Sextanten und seinen Kompass heraus und bestimmt zunächst einmal seinen **Standpunkt**.

2. Nachdem er seinen Standpunkt bestimmt hat, kann er die Karte herausholen (er weiß ja mittlerweile, wo er ist) und den besten Hafen heraussuchen; er bestimmt sein **Ziel**.

3. Jetzt erst kann er eine sinnvolle **Route zur Erreichung des Zieles** festlegen, und zwar unter Berücksichtigung aller Klippen und Untiefen. (Um einen Kurs zu bestimmen, braucht man immer einen Ausgangspunkt und einen Zielpunkt.)

4. Da der Kapitän weiß, dass es Winde und Strömungen gibt, holt er regelmäßig seinen Kompass und Sextanten hervor und **kontrolliert, ob die geplante Route auch eingehalten wird.** (Übrigens entspricht diese Vorgehensweise der einer Führungskraft.)

Die wichtigsten Schritte sind natürlich die Bestimmung des Standpunkts und des Ziels, also die **Schritte 1 und 2.**

Dabei gibt es eine einfache Übung, um die Punkte zu bestimmen.

Übung Nr. 6:

Nehmen Sie sich für diese Übung genügend Zeit. Notieren Sie zunächst in einer großen Spalte alle Dinge, die in Ihrem Leben eine wesentliche Rolle spielen. Lassen Sie keinen Bereich Ihres Lebens aus. Denken Sie an Dinge wie zum Beispiel:

- *Beruf*
- *Familie*
- *Gesundheit*
- *Geld*

- *Politik*
- *Religion*
- *Sport*
- *Freunde*
- *Ethische Dinge*
- *Soziales etc.*

Notieren Sie zu allen Bereichen, die in Ihrem individuellen Leben eine Rolle spielen, so präzise wie möglich Ihren Standpunkt und Ihr Ziel.

Anschließend (wie gesagt, lassen Sie sich bitte genügend Zeit für die Schritte 1 und 2) machen Sie sich daran, die einzelnen Bereiche in die Zukunft zu projizieren.

Dabei ist es hilfreich, wenn Sie die folgenden drei Tipps beherzigen.

Tipp 1

Formulieren Sie die Antworten so, als würden Sie sie als inhaltliche Struktur für Ihre eigene Grabrede benützen. Was möchten Sie von Ihrem Grabredner hören?

Tipp 2

Stellen Sie sich vor, auf was Sie im Alter von 84 Jahren in den einzelnen Bereichen zurückblicken wollen. Sie werden feststellen, dass sich dadurch Ihre Prioritäten verschieben.

Tipp 3

Überlegen Sie auch bitte, was Sie in Ihrem Leben ändern würden, wenn Geld überhaupt keine Rolle spielen würde. (Dadurch kommen verdrängte Wünsche und Ziele wieder zum Vorschein.)

Diese Aufgabe ist nicht einfach und keinesfalls in fünf Minuten erledigt. Nehmen Sie sich die Zeit, die nötig ist, um wirklich zufrieden stellende und ehrliche Antworten zu erhalten.

Wenn Sie die *Schritte 1 und 2* (Standort und Ziel) gelöst haben, können Sie sich als Ihr eigener Lebensberater zu *Schritt 3* begeben und eine sinnvolle Route zur Erreichung Ihrer Ziele bestimmen.

Sinnvollerweise unterteilen Sie Ihre Ziele dabei in Etappenpläne (z. B. 7-Jahres-Pläne), diese wiederum in Jahrespläne, Monatspläne, Wochenpläne und letztendlich in Tagespläne. Alle Pläne leiten sich jeweils ab aus der Differenz zwischen Ist und Soll, gegenwärtigem Standort und Ziel.

Befassen wir uns nun mit *Schritt 4.*

Diese Aufgabe sollten Sie täglich erledigen. Kontrollieren Sie jeden Abend, ob Sie noch auf Kurs sind. Wenn Sie abends Kursabweichungen feststellen, dann sind diese in der Regel am nächsten Tag leicht zu korrigieren.

Wenn Sie nur einmal im Monat Ihren Kurs kontrollieren, dann kann es sein, dass Sie schon so weit vom Kurs abgekommen sind, dass eine Korrektur sehr aufwendig wäre und viel Energie dabei verloren ginge.

Sie benötigen für diesen Job, die Beschäftigung mit Ihren Zielen, ganz einfach ein *Zeitplanbuch* oder ein *Lebensplanbuch*.

Denn wenn Sie am Abend den bevorstehenden Tag mit Hilfe eventueller Kurskorrekturen schriftlich planen, so schreiben Sie die Aktivitäten nicht nur in Ihr Zeitplanbuch, sondern gleichzeitig auch in Ihr Unterbewusstsein.

Und ob Sie es glauben oder nicht: Ihr Unterbewusstsein arbeitet bereits in der Nacht, wenn Sie schlafen, an der Realisierung Ihrer Aufgaben.

Vielleicht haben Sie schon einmal erlebt, wie so etwas funktioniert.

Sie haben Ihren Schlüssel verlegt und können ihn trotz intensivem Suchen nicht finden. Nach halbstündiger Suche geben Sie auf und widmen sich einer anderen Tätigkeit. Plötzlich, nach vielleicht einer Stunde, springen Sie auf, gehen gezielt an die entsprechende Stelle und finden sofort Ihren Schlüssel.

Durch Ihre Suche haben Sie Ihrem Unterbewusstsein den Befehl gegeben: „Finde den Schlüssel".

Ihr Unterbewusstsein hat dann ganz in Ruhe, während Sie der anderen Tätigkeit nachgingen, alle „Dateien" durchsucht und Ihnen dann das fertige Ergebnis präsentiert.

Ähnliches passiert, wenn Sie abends schriftlich planen. Ihr Unterbewusstsein arbeitet Tag und Nacht, Sie müssen ihm nur die entsprechenden Befehle geben.

Kapitel 13

Energiefaktor Nr. 8 – Zielen und Loslassen

Das Thema „Zielen und Loslassen" ist genauso wichtig wie das Thema Ziele selbst.

Ein Ziel klar zu formulieren ist, wie Sie gelesen haben, ein anspruchsvolles, wichtiges Thema.

Dennoch gibt es Zeitgenossen mit großartigen Zielen, die völlig erschöpft und ausgelaugt und mit einem missmutigen Gesicht durch die Gegend laufen. Wenn ich denen erzählen würde: „Ziele bringen Energie", würden sie mich wahrscheinlich schräg anschauen, und ich müsste mir so einiges anhören.

Was ich damit zum Ausdruck bringen will: Ziele zu haben ist wichtig, aber nicht alles. Mindestens genauso wichtig ist es, die richtige Einstellung zu seinen Zielen zu haben.

So darf man nicht vergessen, dass jeder Erfolg eine gewisse Zeit benötigt, um zu reifen (ähnlich wie ein Medikament Zeit braucht, um zu wirken).

Ähnlich verhält es sich mit Ihren Zielen.

Wenn die Zielprojektion – wie im vorherigen Kapitel erläutert – durchgeführt ist, dann haben Sie einen ähnlichen Effekt, so als hätten Sie ein Medikament eingenommen.

Wenn Sie jetzt aber anfangen, verkrampft auf die Wirkung zu warten und sich darauf versteifen, dann kann das beste Medikament nicht mehr wirken, weil der ganze Körper unter Stress steht.

Viel effektiver ist es, mit heiterer Gelassenheit locker abzuwarten und sich auf den Erfolg zu freuen.

Wunderbar können Sie diesen Prozess bei einem Bogenschützen beobachten. Er kennt sein Ziel, bereitet sich mental auf den Schuss vor; dann kontrolliert er seine Atmung, spannt den Bogen und visiert sein Ziel an.

Dabei hält er den Bogen nicht fest, bis der Arm verkrampft ist und die Kraft nachlässt oder die Hände zittern. Er spannt den Bogen auch nicht noch fester, bis er zerbricht. Nein, er lässt ganz einfach los. Der Pfeil fliegt jetzt von ganz alleine.

Wenn der Bogenschütze gut gezielt hat, den Abschuss nicht durch Verkrampfung verrissen hat, dann trifft er exakt in das anvisierte Ziel – und zwar ohne weiteres Zutun.

Das Zauberwort nach dem Zielen heißt also: *Loslassen.*

Ich weiß aus eigener Erfahrung, dass gerade dieser Punkt nicht so einfach ist, dass einem Gedanken kommen wie z. B.:

„Ich müsste vielleicht noch dieses oder jenes unternehmen" oder „Hoffentlich machen die anderen dieses oder jenes".

All so etwas führt lediglich zu einer Verkrampfung und damit faktisch zu Verlust von Energie und Lebensqualität.

Lassen Sie los, lassen Sie alles geschehen.
Es wird nichts zu Ihrem Nachteil passieren.

Mit dieser Einstellung sollten Sie selbst scheinbar negative Dinge (die ja immer nur ein Hinweis sind, wo wir uns noch verbessern können, also positiv sind) dankbar annehmen.

Sehr schön wurde diese Einstellung von Friedrich Christoph Oetinger (1702–1782) mit folgenden Worten ausgedrückt:

„Ich wünsche mir die Kraft,
Dinge zu tun, die man ändern kann,
die Gelassenheit,
Dinge zu ertragen, die man nicht ändern kann,
und die Weisheit,
das eine von dem anderen zu unterscheiden.“

Kapitel 14

Energiefaktor Nr. 9 – Schlafgewohnheiten

Schlaf und Energie stehen in einer engen Korrelation. Wenn Sie gar nicht schlafen, wird Ihr Körper krank, da er sich nicht regenerieren, keine Energie aufladen kann.

Wenn Sie zu viel schlafen, werden Sie schlaff, Sie erleiden Energieverlust.

Es ist ein absoluter Fehler, wenn Sie annehmen, so ein Sonntag im Bett würde Ihren Akku wieder voll aufladen. Im Gegenteil, wenn Sie länger als zehn Stunden im Bett zubringen, entzieht Ihnen das Kraft und Energie, der Körper schlafft ab.

Die Kunst besteht darin, für sich selbst das richtige Maß zu finden, und das wiederum ist indidviduell höchst unterschiedlich.

Erfahrungsgemäß schlafen die meisten Menschen eher zu viel. Viele setzen automatisch die Zeit im Bett mit Erholung und Krafttanken gleich. Doch es gilt:

Sie sollten dann ins Bett gehen, wenn Sie wirklich müde sind und schlafen können. Ansonsten nutzen Sie die Zeit doch lieber produktiv.

Das gleiche gilt für das Aufstehen. Wenn Sie schon um fünf Uhr wach sind, aber erst um sechs Uhr aufstehen müssten, betrachten Sie diese Stunde als Geschenk und stehen Sie auf. Nutzen Sie diese Stunde produktiv, tun Sie etwas für sich, machen Sie Sport, lesen Sie.

So genutzt bringt diese Zeit Ihnen garantiert mehr Energie, als wenn Sie sich noch eine Stunde im Bett herumwälzen, um dann zehn Minuten, bevor der Wecker klingelt, noch einmal in einen Tiefschlaf zu fallen, aus dem Sie jäh und brutal herausgerissen werden.

Tipp

Finden Sie heraus, mit wie viel oder wie wenig Schlaf Sie sich vital fühlen.

Schlafen Sie, wenn sie müde sind, und nicht, wenn die Uhr es Ihnen befiehlt.

Damit Sie gut schlafen bzw. überhaupt gut einschlafen können, hier noch einige praktische Tipps:

1. Halten Sie beim Zubettgehen möglichst immer das gleiche Ritual ein.
2. Versuchen Sie sich bestimmte visuelle und kinästhetische „Auslöser“ für Ihre Schlafprogramm zu schaffen.

3. Sorgen Sie für eine ausreichende Sauerstoffzufuhr (möglichst bei offenem Fenster schlafen).

„Schlaf ist der an den Tod zu zahlende Zins" lautet ein Sprichwort.

Wer ihn nicht rechtzeitig zurückzahlt, bei dem wird der Kredit (das Leben) früher fällig.

Leider haben gerade erfolgsorientierte Menschen häufig Einschlafprobleme. Sie sind meist mit vielen Projekten befasst und nehmen diese regelrecht mit ins Bett. Damit schläft es sich schlecht, und insbesondere das Einschlafen wird zum Problem, weil Kopf und Körper einfach nicht zur Ruhe kommen.

Übung Nr. 7: *(bitte nur im Bett)*

Den Körper biologisch zur Ruhe bringen.

Legen Sie sich auf den Rücken. Kontrollieren Sie Ihre Atmung. Atmen Sie restlos aus. Atmen Sie nun riechend in den Bauch ein. (Die Bauchdecke hebt sich). Nun halten Sie ca. 4 Sekunden lang die Luft an und spannen dabei alle Muskeln vom Scheitel bis zur Sohle an. Dann so langsam, wie es geht, durch den Mund ausatmen und dabei langsam die Spannung aus dem Körper entweichen lassen. Das Ganze 5- bis 6-mal nacheinander. Ihr Körper ist nun so schwer wie ein Zentner Blei und biologisch in einer guten Schlaffrequenz.

Übung Nr. 8: (bitte nur im Bett)

Das Feuerwerk der Gedanken im Kopf in den Griff bekommen.

Dafür gibt es zwei Wege:

1. *Die Gedanken einfach kommen und gehen lassen und versuchen, diese nicht festzuhalten.*

Wenn Ihnen dies Probleme bereitet, nutzen Sie die Erkenntnis, dass wir nicht multitask-fähig sind. Wir können nicht mehrere Gedanken zur gleichen Zeit denken.

2. *Lenken Sie Ihre Gedanken also auf etwas, mit dem Sie gedanklich nichts verknüpfen (ähnlich dem Schäfchenzählen).*

Denken Sie sich ein Kunstwort aus, oder denken Sie zum Beispiel an das Wort Baum oder Sonne. Denken Sie jetzt nur an dieses eine Wort. Wenn Sie vielleicht hier und da abschweifen, kehren Sie zu dem Wort zurück, sobald Ihnen dies bewusst wird.

Sie beruhigen damit ihr Feuerwerk im Kopf und verhindern Grübelei.

Kapitel 15

Energiefaktor Nr. 10 – Ernährung

Ich möchte Sie in diesem Buch dazu animieren, viele Gedanken und Energie in das Thema Ernährung zu investieren.

Viel zu oft essen und trinken wir unüberlegt und wahllos, und zwar sowohl hinsichtlich der Qualität wie der Quantität.

Da es in diesem Buch um Power und Energie geht, stellt sich die Frage nach einer energiereichen Ernährung.

Hier haben Sie ein gewaltiges Werkzeug in der Hand, welches in beide Richtungen, also als Energielieferant und als Energiefresser, eine enorme Hebelwirkung hat.

Falsches und zu üppiges Essen muss von unserem Körper verkraftet werden und verschlingt dabei Unmengen an Energie. Wer kennt das nicht, dass man sich nach einem opulenten 5-Gänge-Menü am liebsten faul auf die Couch legen und nur noch dösen möchte, weil der Körper derart mit der Verdauung beschäftigt ist, dass er kaum noch Energie für etwas anderes aufbringt.

Und nicht nur unser Energiehaushalt wird durch die Ernährung wesentlich mitbestimmt, sondern auch unsere Gemütslage (Freude, Depression, Sexualtrieb, etc.).

Was also ist grundsätzlich die richtige energetische und glücklich machende Ernährung?

Nähern wir uns diesem Thema zunächst einmal langsam.

Siebzig Prozent unseres Körpers bestehen aus Wasser. So haben Wissenschaftler durch Untersuchungen bestätigt, dass sinnvollerweise auch siebzig Prozent unserer Ernährung aus Wasser bestehen sollte. Das heißt natürlich nicht, dass Sie ab jetzt im Wesentlichen nur noch Wasser trinken sollten. Aber es bedeutet, dass z. B. Obst, Gemüse, Salat nicht nur aufgrund ihrer Vitamine, sondern auch aufgrund ihres hohen Wassergehaltes wichtige Ernährungskomponenten sind.

Die restlichen dreißig Prozent sollten aus konzentrierter Nahrung wie Hülsenfrüchten, Fleisch, Brot etc. bestehen.

Um unseren Körper gleichzeitig mit der Nahrungsaufnahme zu entgiften, ist es wichtig, zeitmäßig den richtigen Rhythmus zu finden.

Das heißt konkret:

Morgens auf nüchternen Magen viel Obst essen, möglichst dreißig bis sechzig Minuten vor dem geplanten Frühstück. Obst reinigt den Organismus und verhindert Verschlackung. Obst gibt Energie. Es wird nicht im Magen verdaut, sondern verlässt den Magen bereits nach circa dreißig Minuten wieder. Und auf nüchternen Magen gegessen kann der Körper alle wichtigen Vitamine, Aminosäuren, Kohlenhydrate, Fettsäuren usw. direkt verwerten.

Auf jeden Fall sollten Sie Obst nicht nach einer Mahlzeit essen, weil es dann anfangen kann zu gären. Es kommt zu Blähungen, Völlegefühl im Magen, und das ist kontraproduktiv, denn Sie verbrauchen mehr Energie, als Sie zu sich genommen haben.

Für den Energiehaushalt Ihres Körpers ist es optimal, wenn Sie bis mittags nur Obst essen und sich den Rest des Tages nach den Regeln der Trennkost ernähren.

Trennkost bedeutet im Wesentlichen, Speisen harmonisch aufeinander abzustimmen.

Dr. Howard Hay, der Entwickler des Trennkost-Konzepts, fand heraus, dass die chemische Zusammensetzung des menschlichen Körpers zu achtzig Prozent aus basischen und zu zwanzig Prozent aus sauren Elementen besteht.

Damit das natürliche Gleichgewicht des Körpers nicht gestört wird, empfiehlt er, die täglichen Mahlzeiten ebenfalls zu achtzig Prozent aus Basen bildenden und zu zwanzig Prozent aus Säure bildenden Nahrungsmitteln zusammenzusetzen.

Zudem fand er heraus, dass der gemeinsame Genuss von eiweißreichen und kohlenhydratreichen Lebensmitteln die Verdauung behindert, man also auch diese Lebensmittel nicht gemeinsam verzehren sollte.

Es empfiehlt sich daher, sämtliche Lebensmittel zu trennen und harmonisch aufeinander abzustimmen.

Das funktioniert folgendermaßen:

Da viele Lebensmittel eindeutig reich an Kohlenhydraten, andere wiederum reich an Eiweiß sind, kann man diese exakt voneinander trennen. Die verbleibenden Lebensmittel, wie zum Beispiel Fette, gesäuerte Milchprodukte und die meisten Gemüsesorten, sind im Sinne der Trennkost im Verdauungsstoffwechsel neutral und können beliebig mit den kohlenhydratreichen bzw. eiweißreichen Lebensmitteln kombiniert werden.

Nun klingt das alles relativ kompliziert, ist es aber nicht.

Tipp

Stellen Sie sich ein Buffet vor, das nach kohlenhydratreichen, eiweißreichen und neutralen Lebensmitteln getrennt aufgebaut ist.

Sie wählen zu den Nudeln eine Paprika-Pilz-Soße, zu den Spätzle eine Gemüsesoße, oder Sie nehmen einfach nur einen Mandelpfannkuchen – fertig ist das kohlenhydratreiche Menü. Ein eiweißreiches Menü könnte aus einer Gemüsesuppe mit Lammfleisch, einer gefüllten Paprika oder einer Gemüsesuppe mit Hackbällchen bestehen.

Als neutrale Vorspeisen empfehlen sich z. B. Tomaten mit Mozzarella, Feldsalat, Radicchio mit Grapefruit und als Desserts z. B. Aprikosen-Vanille-Quark oder ein erfrischender Buttermilchdrink.

In jeder Buchhandlung gibt es eine Auswahl von Kochbüchern, nach denen es sich lohnt, pfiffige und leckere Trennkostgerichte zu kochen. Ich wünsche Ihnen: Bon Appétit!

Kapitel 16

Energiefaktor Nr. 11 – Körperhaltung

Ihre Körperhaltung hat nicht nur eine Außenwirkung – die übe und trainiere ich in meinen Körpersprache-Seminaren – Sie hat auch eine Innenwirkung.

Das können Sie augenblicklich und auf der Stelle ausprobieren:

Ziehen Sie einmal die Augenbrauen nach oben, bis zum Anschlag. Und nun werden Sie einmal völlig ernsthaft und überzeugend aggressiv.

Sie merken, das geht überhaupt nicht.

Es geht aber sehr leicht, wenn Sie die Augenbrauen nach unten ziehen.

Das Schöne an der Körpersprache, an der Körperhaltung ist, dass von ihr eine Wechselwirkung ausgeht. So kann man über die Körperhaltung Signale nach außen senden und Verhaltensänderungen herbeiführen. Man kann aber auch über die eigene Körperhaltung auf die eigene Befindlichkeit einwirken. Beides lässt sich ganz bewusst steuern.

Ich praktiziere diese Erkenntnis täglich.

Da ich zu den Menschen gehöre, die Ihr Geld im Umgang mit anderen Menschen verdienen, ist es wichtig für mich, gut drauf zu sein. Denn ich übertrage meine emotionale Grundbefindlichkeit auf meine Seminarteilnehmer. (Siehe Kapitel 12: Energiefaktor 6 – Stimmungspflege.)

In der Zeit, als ich ich noch aktiv Kampfsport betrieben habe, wurden unter anderem auch so genannte Selbstverteidigungskurse für Frauen durchgeführt. Eine der wichtigsten Lektionen zu Beginn war die Kontrolle der Körperhaltung.

Wenn also jemand Angst signalisiert, so zeigt er das in der Regel mit eng anliegenden Armen, leicht gehobenen Schultern und einem leicht gesenktem Kopf. Die Schultern fallen nach vorne, und die Vitalität geht verloren.

Diese Signale werden bewusst oder unbewusst von den Mitmenschen verstanden. Der Rowdy fühlt sich regelrecht eingeladen, die betreffende Person anzugreifen, weil er spürt, dass er hier ein leichtes Spiel bzw. keinen Widerstand hat.

Also trainierten wir mit den Teilnehmerinnen zunächst einmal eine andere Körperhaltung. Damit konnten sie andere Signale nach außen und nach innen senden und betrieben allein dadurch schon eine wirkungsvolle Prävention gegen Angreifer.

Also: Brust raus, Arme nicht an den Körper pressen, sondern mit etwas Abstand locker neben dem Körper hängen lassen; Schultern nicht nach oben ziehen; Kopf gerade, Augen geradeaus richten; fester, großer Schritt und die Handtasche fest in die Hand nehmen.

Die Signalwirkung einer solchen Körperhaltung nach außen ist enorm. Aber auch die eigene emotionale Grundhaltung verändert sich dadurch. Frau fühlt sich kraftvoller und unangreifbarer, was als Verstärker wirkt und sie auch nach außen noch selbstsicherer erscheinen lässt.

Innerlich passiert durch eine Änderung der Körperhaltung noch viel mehr.

Nehmen wir zum Beispiel das Lachen. Wenn Sie lachen, so werden gleichzeitig jede Menge Nervenpunkte im gesamten Gesicht berührt, so z. B. um den Mund herum und um die Augen. Dieses wird sofort als elektrisches Signal an das Gehirn weitergeleitet. Wenn dieser Zustand länger anhält (90 Sekunden und mehr), dann realisiert der Körper Freude, und entsprechende Freudenhormone werden ausgeschüttet. Die Laune hebt sich, und wir sind einfach deutlich besser drauf.

Da alles in unserem Körper mit unseren Nerven in Verbindung steht (und in unserem Gehirn koordiniert wird), können wir mit unserer Körperhaltung rückkoppelnd unser Gehirn bzw. die Anregung der entsprechenden Hormone beeinflussen. Ein sehr wirkungsvolles, einfaches Doping, das keinen Pfennig Geld kostet.

Sie sollten also anfangen Ihre Körperhaltung zu kontrollieren und zu steuern, und Sie werden sehr schnell eine gewaltige Veränderung verspüren.

Übung Nr. 9:

Mehrmals täglich, insbesondere morgens: lachen, lachen, lachen, auch wenn es eigentlich gar nichts zu lachen gibt. Und jedes Mal mindestens 1,5 Minuten lang (Sie müssen ja nicht hörbar lachen, ein offenes Lächeln tut es auch.)

Übung Nr. 10:

Beim Sitzen sollten Sie die Sitzfläche ganz beanspruchen, beide Füße auf dem Boden, den Oberkörper aufrecht und gerade halten.

Übung Nr. 11:

Beim Stehen gilt ebenfalls: den Körper gerade halten, beide Füße fest und symmetrisch auf dem Boden, die Füße knapp schulterbreit auseinander, die Knie durchgedrückt, das Becken gerade (nicht nach hinten gezogen), den Brustkorb aktiv gefüllt (die Schultern nicht hochgezogen) und die Arme locker neben dem Körper. Die Handinnenflächen zeigen zum Körper und sind nicht nach hinten gedreht.

Übung Nr. 12:

Beim Gehen wählen Sie einen mittellgroßen Schritt, das Becken nach vorne, Brustkorb aktiv gefüllt, den Kopf möglichst gerade halten.

Das alles klingt für Sie vielleicht ein bisschen ungewohnt, aber probieren Sie es doch einfach einmal aus. Sie werden sehen, wie energiereich Sie sich fühlen mit einer solchen Körperhaltung und wie sich Ihre psychische Verfassung und Laune schnell merklich verbessern.

Außerdem werden Sie feststellen, dass Sie mit dieser Körperhaltung eine ganz andere Wirkung auf Ihre Mitmenschen ausüben.

Kapitel 17

Energiefaktor Nr. 12 – Energetisches Umfeld

Wieso unser Umfeld eine gewaltige Rolle im Leben unseres Energiehaushaltes spielt, ist relativ schnell erklärt.

In meinen Trainings frage ich häufig meine Seminarteilnehmer, warum sie glauben, dass sie so sind, wie sie sind. In der Regel spielen in den Aussagen folgende Faktoren eine entscheidende Rolle:

- Kindergarten
- Schule
- Erziehung
- Ausbildung
- Sport
- Hobby
- Beruf
- Erbanlagen

Nun, wir können alle diese Aussagen auf zwei wesentliche Faktoren zusammenstreichen:

1. Erbanlagen,
2. Umwelt.

Wenn wir diese zwei Faktoren gewichten, so können wir statistisch sagen:

Wir sind zu zwanzig Prozent durch unsere Erbanlagen bestimmt und zu achtzig Prozent durch unsere Umwelt.

Wichtig ist dabei, dass die Umwelt nicht als statische, feste Größe gesehen wird, denn unsere Umweltbedingungen ändern sich ja laufend. Und wir passen uns diesen kontinuierlich an. Anders wären Lernprozesse und persönliche Veränderungen gar nicht möglich (und ich könnte meinen Beruf als Trainer, indem es letztlich um Verhaltensänderungen geht, an den Nagel hängen).

Wir können uns ein neugeborenes Kind (mit seinen zwanzig Prozent Erbanlagen) vorstellen wie ein Buch mit lauter leeren Seiten, die erst im Laufe seines Lebens durch die Umwelt und seine Erfahrungen gefüllt und beschrieben werden.

„Sage mir, mit wem du umgehst, und ich sage Dir, wer du bist.“

Wenn Menschen zusammenkommen, üben sie aufeinander eine Wirkung aus; sie beeinflussen sich wechselseitig, ob sie wollen oder nicht.

Diese Wirkungen haben selbstverständlich auch auf unsere Psyche Einfluss und auf unseren Energiehaushalt.

Wie oft gibt es Situationen, in denen Sie mit Menschen zusammentreffen und aufpassen müssen, dass Sie nicht gut gelaunt hingehen und mit schlechter Laune und müde nach Hause gehen. Ihre sämtliche Energie ist aufgefressen worden.

Tipp

Umgeben Sie sich möglichst nur mit positiven, aufbauenden Menschen, und nicht mit „Energiefressern". Das Gleiche gilt natürlich auch für die Medien. Achten Sie darauf, welche Informationen, Berichte, Filme, Artikel Sie an sich heranlassen.

Denken Sie daran:

So wichtig, wie die Körperhygiene für Sie ist, so wichtig sollte Ihnen auch Ihre „Psychohygiene" sein.

Lassen Sie nicht jeden „Schmutz" an sich heran. Und dafür können sie eine ganze Menge tun.

Kapitel 18

Energiefaktor Nr. 13 – Befreien von äusserem Ballast

Was ist Ballast, was müssen wir als solchen bewerten und erkennen? Auf jeden Fall – der Begriff selbst weist uns darauf hin – ist Ballast etwas, das belastet, das eine Last ist, dessen man sich besser entledigt. Ballast frisst Energie, und meist schleppen wir ihn ganz unnötig durch die Gegend.

In diesem Kapitel geht es zunächst um äußeren Ballast im weitesten Sinne, also um Gegenstände. Im folgenden Kapitel werden wir uns dem inneren Ballast zuwenden.

Jeder Gegenstand, den wir nicht aus rein praktischen und ökonomischen Gründen benötigen (z. B. Kaffeemaschine, Bett, Rasierer, Auto), sollte ein Gegenstand sein, der uns Freude macht und uns Energie bringt. In der Regel umgeben uns aber auch viele Gegenstände, die uns Sorgen bereiten, die eine Last sind und damit unsere Energie fressen.

Ich möchte Ihnen in diesem Buch praktische Ansätze aufzeigen, die Ihnen helfen, sich von einer Vielzahl an

Ballast zu befreien. Doch dazu sollten wir erst die Frage klären, wie wir überhaupt zu Ballast gekommen sind.

Als Verkaufstrainer weiß ich, dass zu jeder Entscheidung, natürlich auch zu jeder Kaufentscheidung, ein Motiv gehört. Motive wiederum sind nur teilweise rational, zum größten Teil sind sie emotional begründet.

Jeder gute Verkäufer sollte daher wissen:

Im Zweikampf zwischen Gefühl und Intellekt siegt in aller Regel das Gefühl.

In Verkaufstrainings lernt der Verkäufer Techniken, die ihm helfen, den Kunden gefühlsmäßig in einen Entscheidungswettstreit zu verwickeln. Hat der Verkäufer das geschafft, ist der Verstand in der Regel besiegt, und der Verkäufer hat gewonnen. Das pragmatische Ergebnis ist, dass der Käufer dann mehr Geld ausgegeben hat, als rein rational nötig gewesen wäre.

Das ist auch gut so, denn dann hat der Kunde viel Spaß bei der Sache, und wir wissen, Spaß bringt uns Energie.

Wenn dieser Spaß jedoch nur sehr kurzlebig ist, dann kann es passieren, dass wir Produkte gekauft haben, die uns hinterher nur noch belasten, die Ballast darstellen, die unsere Energie fressen.

Nun macht es keinen Sinn, und hier beginnt in der Regel der große Fehler, solchen Entscheidungen nachzutrauern (das würde ja wiederum Energie fressen), denn die Vergangenheit ist unwiderruflich vorbei und kann ohnehin nicht wieder zurückgeholt werden. Also, keine Sekunde an gestern denken, nicht über solche Entscheidungen nachgrübeln oder gar nachtrauern, sondern Augen auf, den Blick nach vorne und konsequent handeln.

Fangen Sie an, gründlich zu entrümpeln. Lösen Sie sich von dem Gedanken: „Das hat aber mal viel Geld gekostet“, besser wäre die Aussage:

„Wenn ich das nicht schnell loswerde, kostet mich das Energie.“

Auch solche Gedanken wie: „Vielleicht kann ich das ja irgendwann noch mal brauchen“, sollten Sie sehr schnell wieder vergessen. Oder glauben Sie allen Ernstes, wenn Sie irgendwann noch mal anfangen würden, Ihrem alten Hobby Videofilmen nachzugehen, dass Sie dann wirklich Ihre alte Ausrüstung benutzen würden? Wahrscheinlich würden Sie sie spätestens dann entsorgen und sich eine moderne Ausrüstung, die sich auf dem neuesten Stand der Technik befindet, kaufen.

Also, gleich weg damit.

Klingt unheimlich radikal, aber glauben Sie mir –

das Zauberwort heißt: Konsequenz.

Tipp

Kleben Sie sich Ihren eigenen Kuckuck.

Fangen Sie an, sukzessive Raum für Raum zu durchforsten. Als praktisches Kriterium können Sie sich fragen: Brauche ich das wirklich?

Fixieren Sie einen Punktaufkleber gut sichtbar an diesem Gegenstand. Organisieren Sie rational die Entsorgung, und wenn Sie sich extra einen Container von Ihrem Abfallzweckverband hinstellen lassen. Packen Sie jede Sache nur ein Mal und endgültig an.

Tipp

Werden Sie Wiederholungstäter.

Machen Sie nach zwei Monaten einen erneuten Durchgang. Machen Sie vor nichts Halt: Kleidung, Auto … Denken Sie dabei auch an die Dinge, die nicht in Ihrem unmittelbaren Sichtbereich liegen.

Tipp

Schauen Sie über den „Tellerrand".

Vielleicht haben Sie noch irgendwo ein Boot liegen, das Sie die letzten zwei Jahre nicht benutzt haben, oder ein Ferienhaus, das sie nur Geld kostet, ohne dass Sie es entsprechend nutzen können.

Viele Dinge lassen sich noch zu Geld machen (verkaufen auf dem Trödelmarkt) oder edler: Spenden Sie sie an eine wohltätige Einrichtung, die diese Sachen gebrauchen kann.

Das gute Gefühl dabei bringt Ihnen zusätzliche Energie; außerdem können Sie davon ausgehen, dass alles, was Sie anderen Gutes tun, mit dicker Verzinsung auch wieder zurückkommt (auch wenn Empfänger und Absender nicht immer identisch sind).

Sie glauben mir vielleicht zum jetzigen Zeitpunkt noch nicht, was für ein befreiendes Gefühl es ist, wenn Sie sich von Ihren Altlasten trennen.

Und sollten Sie bei hundert Gegenständen wirklich zwei falsche entsorgt haben, glauben Sie mir, ein solcher Fehler ist schnell wieder korrigiert.

Also, fangen Sie an.

Kapitel 19

Energiefaktor Nr. 14 – Befreien von innerem Ballast

Konkret heißt unsere nächste Frage: Was belastet uns innerlich? Was frisst unsere Energie?

Ist es der Alltag mit all seinen Herausforderungen, oder ist es vielleicht unsere Einstellung, die wir zu den Dingen haben?

Wir müssen auch akzeptieren, dass wir, wie wir ja schon erläutert haben, ein Produkt unserer Umwelt sind, und dass wir in unserem Kopf eine Unmenge von Programmen tragen, die unser Denken und Handeln beeinflussen.

Das sind auf der einen Seite Programme, die uns helfen und uns das Leben leichter machen, auf der anderen Seite gibt es jedoch ein Unmenge Programme, die uns das Leben schwer oder sogar zur Hölle machen können.

Für diese Programme gibt es viele Namen.

Wir könnten sagen: Neuro-Assoziationen (Neuro = die Nerven, die Psyche; Assoziationen = Verknüpfungen).

Andere Begriffe in diesem Zusammenhang sind: Anker setzen, Trigger, Pawlowscher Reflex, posthypnotischer Befehl.

Der Anschaulichkeit halber möchte ich in diesem Buch von „Glasscheiben“ sprechen.

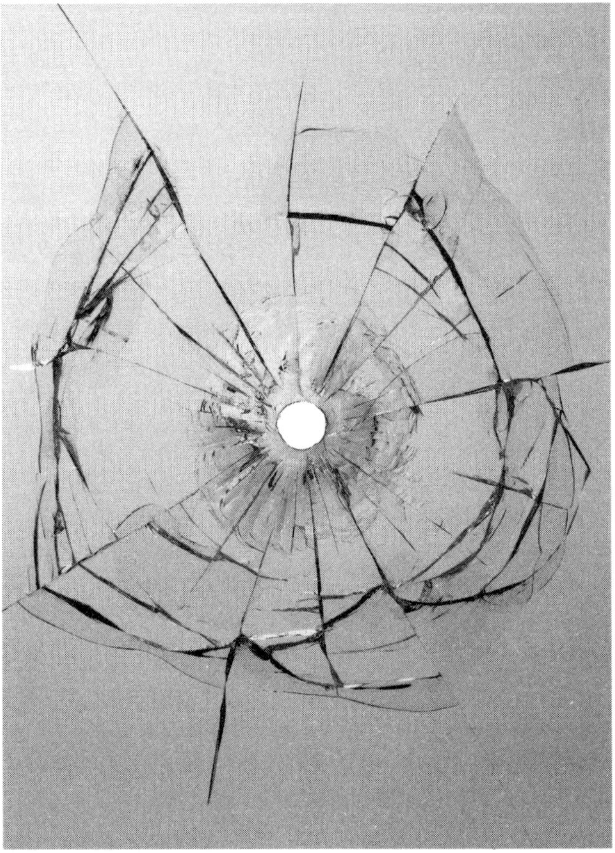

Der Grund dafür, dass ich dieses Bild wähle, ist folgendes Experiment:

Psychologen untersuchten das Verhalten von Tieren.
In ein sehr großes Aquarium wurden kleine Fische gesetzt, dazu anschließend ein Hecht.
Was jetzt passierte, ist sicher jedem klar. Der Hecht fraß die kleinen Fische.
Danach wurde das Experiment wiederholt.
Nur diesmal wurde das Aquarium durch eine Glasscheibe abgetrennt. Auf der einen Seite die kleinen Fische, auf der anderen Seite der Hecht.
Der Hecht versuchte natürlich wieder, die kleinen Fische zu fressen, stieß jedoch jedes Mal gegen die Glasscheibe, was zum einen eine Enttäuschung und zum anderen auch schmerzhaft war.
Nach einiger Zeit gab der Hecht sein Unterfangen auf.
Nun konnte die Glasscheibe aus dem Aquarium herausgenommen werden – und der Hecht schwamm nicht mehr auf die andere Seite zu den kleinen Fischen, weil er mittlerweile das Programm gelernt hatte, dass er da sowieso nicht hinkommt.
Die kleinen Fische verharrten auch auf Ihrer Seite, weil sie das Programm gelernt hatten, dass sie, solange sie auf ihrer Seite blieben, sicher waren.

Wenn ich jetzt davon ausgehe, dass wir Menschen intelligenter sind als Fische, trainierbarer, motivierbarer und natürlich auch viel beeinflussbarer, so folgt daraus, dass das Erlernen eines Programms bei uns Menschen sehr viel schneller geht.

Es geht umso schneller, je mehr wir Gefühle bei unseren Tätigkeiten einflechten; und die Verankerung dieser Programme ist umso tiefer, je öfter wir sie wiederholen.

Und nun frage ich Sie:

„Wie viele Glasscheiben haben Sie in Ihrem Kopf? Glasscheiben, die man Ihnen von den ersten Kinderjahren an eingebaut hat?“

Statistisch gesehen haben Sie bis zu Ihrem vierzehnten Lebensjahr 40.000 Mal das Wort „Nein“ gehört. Beim Fahrradfahren hörten Sie: „Fall nicht hin!“ anstelle von „Fahre sicher!“. Weiterhin hat man Sie mit pauschalen Gesetzen konfrontiert wie z. B.:

„Man tut das nicht!“
„Man stellt sich nicht in den Vordergrund!“
„Man profiliert sich nicht vor anderen!“
„Nur nicht auffallen!“
„Mache es so wie alle anderen!“
„Geld ist schlecht!“
„Geld verdirbt den Charakter!“
„Geld stinkt!“
„Nur im Schweiße deines Angesichts kommst Du nach vorne!“
usw.

Weiterhin entstehen Programme auch durch die Werbung:

„Nur mit rechtsdrehenden Milchsäuren ernährst du dich gesund!"
„Nur mit einer Figur wie Pamela Anderson bist du glücklich!"
„Wenn du BMW fährst, dann bist du sportlich und innovativ!"
„Mit dem Aftershave xy liegen dir die Frauen zu Füßen!"
usw.

Wenn wir so etwas nur oft genug hören, dann entwickelt sich in uns schon ein Programm, eine Glasscheibe.

Dann gibt es noch eine ganze Reihe von Programmen, die wir aufgrund von Erfahrungen und davon abgeleiteten Pauschalisierungen haben, welche meistens noch schlimmer sind, weil aus den Glasscheiben plötzlich Panzerglas geworden ist.

Programme wie:

„Ich kann das sowieso nicht."
„Mir geht immer alles schief."
„Bei mir geht das nicht."
„Ich habe sowieso kein Glück."
„Wenn einer die Krankheit bekommt, dann ich."
„Ich bekomme das nicht hin."

Darüber hinaus kursieren Tausende diffuser Befürchtungen in uns wie:

„Hoffentlich passiert mir kein Unfall."

„Hoffentlich wird bei mir nicht eingebrochen."
„Hoffentlich konfrontiert der Kunde mich nicht damit."

Und letztendlich besteht die Gefahr, dass aus diesen Programmen bzw. Glasscheiben sich selbst erfüllende Prophezeiungen werden.

Aber keine Angst! Im Gegensatz zum Hecht können Sie den Hammer herausholen und die Glasscheiben selbst zerschlagen. Im Gegensatz zum Hecht haben Sie die Freiheit, selbst zu entscheiden, was Sie denken wollen.

Nur der Mensch hat die Fähigkeit, bewusst zu denken und sein Denken zu reflektieren. Und deshalb möchte ich Ihnen Hilfen anbieten, damit Sie sich mit Ihrem eigenen geistigen Hammer befreien können.

Wie können wir uns also von diesen vielen negativen Programmen lösen, den negativen inneren Ballast abwerfen?

Zunächst einmal können wir nur dann etwas unternehmen, wenn uns der Ballast, die Glasscheibe, überhaupt bewusst ist.

Damit Sie leichter draufkommen, welche Glasscheiben in Ihrem Kopf existieren, liste ich Ihnen zunächst einmal eine ganze Reihe von typischen Glasscheiben auf. Diese Liste erhebt natürlich keinen Anspruch auf Vollständigkeit, aber sie wird Sie auf die richtige Fährte bringen.

Typische Glasscheiben bzw. Programme sind z. B.:

1. *Bei jeder Verabredung muss ich unbedingt der Erste sein, damit die anderen ja nicht auf mich warten müssen.*

2. *Bei vielen Personen muss ich an mich halten, um nicht auszuflippen, weil sie mich ungemein nerven.*

3. *Ich tue mich unheimlich schwer mit Entscheidungen. Wenn eine Entscheidung von Bedeutung anliegt, kann ich oftmals nicht richtig schlafen.*

4. *Anstatt den Stier bei den Hörnern zu packen, schiebe ich viele Dinge immer wieder auf, obwohl ich weiß, dass diese Angelegenheiten in null Komma nichts erledigt wären.*

5. *Ich spiele ab und zu mit Selbstmordgedanken.*

6. *Ich tue Dinge, bei denen ich mir hinterher oft sagen muss: „Mensch, war ich blöd!"*

7. *Ich rechne prinzipiell immer mit dem Schlimmsten.*

8. *Oftmals werde ich von inneren Selbstzweifeln zerfressen.*

9. *Bevor ich mir selbst helfe, helfe ich lieber anderen.*

10. *Ich benötige das Gefühl, geliebt und gebraucht zu werden.*

11. *Ich bin der Meinung, niemand kennt mich wirklich.*

12. Ständig grüble ich über die Vergangenheit.

13. Ich vergleiche mich ständig mit anderen.

Wenn Sie dieses Buch bis hierher gelesen haben, werden Sie die meisten dieser Glasscheiben schon von ganz alleine zerschlagen haben.

Sollten Sie dennoch auf die eine oder andere „heile" Glasscheibe stoßen, lassen sich diese mit einem gehörigen Maß an Selbstbewusstsein (hat überhaupt nichts mit Arroganz zu tun) und mit vier einfachen Fragen lösen.

Tipp

Vier einfache Fragen, um innere Glasscheiben zu zerschlagen:

1. Warum verhalte ich mich wirklich so?
2. Was kann im schlimmsten Falle passieren, wenn ich mich genau gegenteilig verhalte?
3. Welche Vorteile ergeben sich aus meinem gegenteiligen Verhalten?
4. Wie würde ich mich dann fühlen?

Wie bereits im Kapitel „Konzentration" erläutert, müssen Sie anfangen, sich selbst bewusst zu werden. Das heißt nichts anderes, als aufzuwachen und sich seines Lebens, seiner Tätigkeit richtig bewusst zu werden. Auf der einen Seite gibt es viele wunderbare innere Programme, die uns helfen, unser Leben leichter zu gestalten, auf der anderen Seite kann dieser Hilfsmechanismus uns auch geradezu lähmen.

Fast unser ganzes Leben besteht aus einer Art Konditionierung mit den unterschiedlichsten Auslösern. Unser Leben läuft in vielen, vielen Dingen automatisch, also unbewusst ab.

Machen Sie einmal folgende Übung:

> ***Übung Nr. 13:***
>
> *Schließen Sie die Augen und versuchen Sie, sich die Tachonadel Ihres Wagens vorzustellen.*

Wahrscheinlich haben Sie Schwierigkeiten damit und brauchen dazu eine ganze Weile. Sie haben unzählige Male auf die Tachonadel geschaut, aber Sie haben Sie möglicherweise nie richtig gesehen.

Andere automatisierte Verhaltensweisen zeigen sich z. B. in diesen Situationen: Sie betreten Ihr Büro – und denken an Arbeit, eventuell Stress oder sonstige berufliche Probleme.

Sie betreten Ihr Schlafzimmer – und freuen sich eventuell auf Ihren verdienten Schlaf.

Sie schauen auf Ihren Terminkalender, der vielleicht in Ihrem Sichtbereich liegt – und empfinden Stress und Termindruck.

All solche Reaktionen sind visuell ausgelöste Konditionierungen, völlig automatisch ablaufende Reaktionen.

Übung Nr. 14:

Ermöglichen Sie Ihrem Körper neue Erfahrungen. Zeigen Sie ihm, dass Sie gewohnte Verhaltensweisen leicht ändern können. Befreien Sie sich aus den Mechanismen der Gewohnheiten, die Sie steuern. Machen sie gewohnte Dinge einmal anders.

Putzen Sie sich doch die Zähne mal mit der Bürste in der linken Hand, oder rasieren Sie sich mit links. Stellen Sie doch einfach mal die Möbel um, oder ändern Sie beim Autofahren die gewohnte Route.

Sie werden feststellen, dass diese Änderungen in der Regel viel Spaß machen, weil die auslösenden Konditionierungen nicht mehr da sind.

Sie werden merken, wie Sie auch in anderen Bereichen immer freier werden und viel flexibler agieren können.

Sie werden feststellen, dass Sie viel bewusster entscheiden und damit auch selbstbewusster werden.

Eine weitere Übung besteht darin, mit ungeliebten Verhaltens- und Denkmustern aufzuhören.

So haben Sie im Kapitel „Stress" gelesen, dass der Mensch auf Überleben programmiert ist. Der stärkste Trieb ist der Überlebenstrieb. Dinge, die mit dem Überleben zu tun haben, genießen daher immer die höchste Priorität (deswegen florieren Unternehmen, die gewisse Überlebenstriebe wie z. B. Essen und Sex befriedigen).

Um negative Gewohnheiten zu ändern, können wir uns diesen starken Trieb zunutze machen.

Die Übung besteht darin, das schlechte Gefühl, das Sie mit Ihren ungeliebten Gewohnheiten haben, soweit zu verstärken, dass Ihr Überlebenstrieb Ihnen hilft, damit aufzuhören.

Auch wenn Ihr Verhaltensmuster vielleicht nicht sofort hundertprozentig beseitigt ist, so ist auf jeden Fall Ihre Einstellung zu dieser Gewohnheit verändert. Sie werden in jedem Falle eine höhere Art von Bewusstheit erreichen.

Übung Nr. 15:

1. *Beschreiben Sie die „schlechte Gewohnheit“ so präzise wie möglich, und zwar schriftlich.*

2. *Beschreiben Sie ebenso präzise, warum Sie Ihr Verhalten ändern wollen.*

3. *Beschreiben Sie die Nachteile Ihres Verhaltens akribisch. Notieren Sie schonungslos alle Nachteile, seien Sie auf wirtschaftlicher, gesundheitlicher, sozialer oder sonstiger Ebene angesiedelt. Beschreiben Sie nicht nur die Angelegenheit an sich, sondern auch das negative Gefühl, das mit Ihrem „Verhalten“ einhergeht.*

4. *Anker setzen:*
   Versuchen Sie, dieses negative Gefühl fest einzuspeichern (Selbsthypnose ist da optimal). Schaffen Sie sich an den Orten oder Gegenständen, an oder bei denen Ihre schlechten Gewohnheiten zum Tragen kommen, einen visuellen Auslöser, der Sie an die Nachteile, die Sie sich ausgemalt haben, erinnert.
   Schaffen Sie sich auf der anderen Seite ein Belohnungssystem, mit dem Sie sich sofort etwas Gutes tun, wenn Sie erfolgreich mit Ihrer Gewohnheit gebrochen haben.

Tipp

Alle Aktivitäten, die Sie sich vornehmen und nicht innerhalb der nächsten drei Tage umzusetzen beginnen, werden Sie statistisch gesehen höchstens noch zu einem Prozent ausführen.
Deswegen: Beginnen Sie sofort! Setzen Sie sich sofort selbst unter Druck! Nutzen Sie die Macht der Rechtfertigung!

Egal, was Sie in Ihrem Leben tun, Sie haben immer das Bestreben, Ihre Tat zu rechtfertigen.

Dieses Bedürfnis nach Rechtfertigung kann Ihnen hier ungemein helfen. Beziehen Sie daher möglichst auch Personen aus Ihrem Umfeld mit ein.

Egal, was Sie verändern möchten, setzen Sie Zeichen!

Wenn Sie zum Beispiel in einem bestimmten Zeitraum eine Million verdient haben wollen, so machen Sie Ihr Vorhaben öffentlich. Stellen Sie sich selbst einen Scheck mit einer Million aus, notieren Sie das Datum, unterschreiben Sie ihn und zeigen Sie ihn Ihrem Freund. (Vielleicht kann er ihn für Sie aufbewahren.)

Wenn Sie keinen Alkohol mehr trinken möchten, so sollten Sie demonstrativ vor versammelter Runde sämtliche Spirituosen zerschlagen und entsorgen. Zelebrieren Sie dieses Ereignis, und lassen Sie sich von anderen ermuntern.

Nun haben Sie ein wirksames Instrument, um sich von innerem Ballast zu befreien und zu einem höheren Selbstwert zu gelangen.

Ihre Energie, und damit Ihr Lebensgefühl – beide werden sich erheblich steigern. Sie werden glücklicher.

Kapitel 20

Energiefaktor Nr. 15 – Organisation

Dieses Buch wird, sofern Sie die Tipps beherzigen, Ihr Leben verändern, wird Ihnen Power und Energie geben und Sie glücklicher werden lassen. Allerdings müssen Sie sich eventuell neu organisieren.

Eine disziplinierte Selbstorganisation ist eine unabdingbare Voraussetzung für Ihren Erfolg, für das Erreichen Ihres M.E.P®.

Vermutlich läuft Ihr Leben nach festen Regeln ab, mit festen Arbeitszeiten und vielen Gewohnheiten, die Ihren Alltag bestimmen.

Am stärksten werden wir gesteuert durch die Arbeit, und dann durch die vier schlimmen „F"s:

- Feierabend
- Filzpantoffeln
- Flaschenbier
- Fernseher

Wenn Sie Ihre eingefahrenen Verhaltensweisen ändern wollen, müssen Sie umdenken und zu neuen Gewohnheiten finden. Wichtig ist dabei:

Die neue Gewohnheit muss in einen Automatisierungsprozess münden.

Das wird Ihnen jedoch nicht gelingen, wenn Sie schlecht organisiert sind und nur ab und zu und rein zufällig Dinge ändern. Vielmehr erreichen Sie Ihr Ziel am effektivsten mit einer exakten und vor allem konsequenten Planung.

Keine Angst, ich werde Sie nicht mit Regeln für eine gute Planung traktieren.

Wenn Sie in einer Position sind, in der vieles zu koordinieren ist, werden Sie wahrscheinlich bereits heute schriftlich planen.

Sie werden gelernt haben, Prioritäten zu setzen, richtig zu delegieren, Nein sagen zu können, und Sie werden das Pareto-Prinzip (80/20-Regel, Vilfredo Pareto 1848–1923) berücksichtigen.

Nun, genauso wichtig, wie Ihre Aufgaben zu managen, ist es natürlich, Ihre Energie, Ihr M.E.P®, effektiv zu managen. Und zwar ebenfalls schriftlich.

Glauben Sie mir, spontan aus dem Kopf heraus kann das nicht funktionieren.

Wie viele Smilies haben Sie gesehen? Wenn Sie jetzt sagen, es waren fünf, dann haben Sie Recht.

Wenn ich sage, Sie haben drei plus zwei oder zwei plus drei Smilies gesehen, habe ich ebenfalls recht. Wir leben in einer dreidimensionalen Welt. Kein Mensch kann mehr als drei Dinge auf einmal erfassen und verarbeiten.

Wenn Sie zum Beispiel Ihre Telefonnummer, Bankleitzahl oder Kontonummer diktieren, dann fassen Sie die Zahlen in Einer-, Zweier- oder Dreierblöcken zusammen, aber nicht in Viererblöcken. Und zwar genau aus diesem Grund, weil Sie intuitiv wissen, dass vier Zahlen zusammen das Auffassungsvermögen Ihres Gegenübers sprengen würden.

Wenn dies der Fall ist, können Sie nur durch schriftliches Planen zum Erfolg kommen.

Tipp

Planen Sie Ihre Ernährung, Ihren Sport etc. schriftlich. Selbst Dinge wie Ihre Atemübungen sollten Sie sich notieren und konsequent durchführen.

Diese Konsequenz sollten Sie in jedem Fall mindestens 21 Tage durchhalten.

In dieser Zeit hat sich im Allgemeinen durch die Wirkung der Wiederholung Ihre Datenautobahn im Kopf soweit entwickelt, dass Sie diese neuen Gewohnheiten nunmehr automatisch weiterführen werden.

Nur durch Konsequenz programmieren Sie sich wirklich um. Machen Sie möglichst die neuen Gewohnheiten immer am selben Ort, zur selben Zeit, um sich auch die visuellen Auslöser Ihrer Konditionierung zunutze zu machen.

Kapitel 21

Energiefaktor Nr. 16 – Leicht entscheiden

Viele Menschen haben enorme Probleme mit Entscheidungsfindungen.

Das liegt zum einen an der fehlenden Routine, also fehlenden Programmen, und zum anderen an der latenten Angst vor Fehlentscheidungen.

Außerdem sind sehr viele Menschen gewohnt, das zu tun, was andere ihnen sagen. Also auch hier gelten entsprechende Programme.

Es gibt vielfältige Untersuchungen, die zeigen, dass in der Wirtschaft wesentlich mehr wirtschaftlicher Schaden durch Nichtentscheiden als durch Fehlentscheiden entsteht.

Ich sage Ihnen nun:

Es gibt überhaupt keine Fehlentscheidung.

Zumindestens keine hundertprozentige. Denn bei jeder Entscheidung, auch bei einer falschen, hat zumindest anfangs immer auch eine ganze Menge dafür gesprochen, sonst hätte man diese Entscheidung nicht getroffen.

Manchmal sind es zum Beispiel nur 51 Prozent, die gegen die Entscheidung sprechen, und 49 Prozent sprechen dafür; dennoch beurteilen wir dies als Fehlentscheidung.

Dabei ist es in den meisten Fällen nur erforderlich, den Rahmen ein wenig zu verschieben, und schon wird aus einer scheinbaren Fehlentscheidung eine richtige Entscheidung.

Sämtliche Entscheidungen treffen wir nach dem so genannten Schmerz-Freude-Prinzip.

Unsere Intention ist es, in erster Linie Schmerz, Frust, Nachteile zu vermeiden und in zweiter Linie Lust zu gewinnen.

Wenn Sie einen Durchschnittsbürger fragen, was ihm lieber ist: eine Geldanlage, in der er 100.000 DM ganz sicher hat, oder eine, mit der er die Chance hat, 100.000 DM zusätzlich zu gewinnen, so werden die meisten lieber die sicheren 100.000 DM haben wollen.

Auch die Situation des Nicht-entscheiden-Könnens lässt sich mit dem Schmerz-Freude-Prinzip erklären: Sie tritt dann ein, wenn die Faktoren Schmerz und Freude relativ dicht zusammenliegen, also eine gewisse Indifferenz gegeben ist.

Wenn Sie, liebe Leserin, lieber Leser, an einer Bar eine attraktive Dame/Herrn sehen und die Angst vor der Abfuhr sich mit dem potenziellen Lustgewinn einer geglückten Kontaktaufnahme in etwa die Waage hält, was machen Sie dann? Gar nichts, richtig?

Sie treffen keine Entscheidung, Sie handeln nicht, Sie sprechen die Person erst gar nicht an. Sie sind wie gelähmt.

Es ist also wichtig, dass Sie, um aktiv zu werden, beide Bereiche, also Schmerz und Freude, auseinander bringen.

Da sich in vielen Bereichen der Schmerz nicht erhöhen lässt, bleibt Ihnen in der Regel nur übrig, die Freude bzw. die Motivation zu steigern.

Im übrigen werden nach diesem einfachen Schmerz-Freude-Prinzip zum Teil ganze Länder geführt und regiert. Selbst einige Religionen sind nach dieser Erkenntnis aufgebaut.

Es lohnt sich in jedem Fall, darüber nachzudenken.

Bringen Sie Schmerz und Freude auseinander. Durch Ziele und Motivation erhöht sich Freude. Entscheiden wird dann leicht.

Kapitel 22

Energiefaktor Nr. 17 – Vermeiden von Energie fressender Kommunikation

Kommunikation prägt unser Dasein in entscheidender Weise und unterliegt zahlreichen und komplexen Gesetzmäßigkeiten. Hier soll es jedoch nicht um klassische Rhetorikregeln gehen (wie z.B. Fragetechniken), sondern um eine aufbauende, positive Kommunikation.

Kommunikation, die Freude bereitet und Energie bringt, können Sie durch zwei einfache Regeln erreichen.

1. Regel: Perspektivenwechsel

In meinen Körpersprache-Seminaren lernen die Teilnehmer, dass jede Geisteshaltung, also jede Meinung, immer auch mit einer Körperhaltung einhergeht.

Wenn wir eine neue Idee, einen neuen Gedanken suchen, so gelingt uns das zum Beispiel wesentlich leichter, wenn wir unsere Körperhaltung ändern.

So tigern viele Büroangestellte zum Beispiel beim Diktieren, also beim Gedankensuchen, im Büro herum, wandern von einer Ecke zur anderen. Andere wiederum haben die Gewohnheit, sich bei wichtigen Telefonaten zu bewegen und herumzulaufen.

Auch im Verkaufstraining spielt diese Erkenntnis eine wichtige Rolle. In schwierigen Verhandlungssituationen, in denen sich der Verhandlungspartner festgebissen hat, sollte der Verkäufer versuchen, sein Gegenüber zu einem räumlichen Wechsel zu bewegen, damit er zugleich einen Meinungswechsel vollzieht bzw. der hartnäckige Widerstand gebrochen wird.

Diese Zusammenhänge erkläre ich auch in meinen Körpersprache-Seminaren.

So traf ich einen meiner Seminarteilnehmer zufällig nach ein paar Wochen und fragte ihn, wie es gehe, und ob er die Dinge aus dem Körpersprache-Seminar in die Praxis umgesetzt habe. Er sagte: „Ja, am selben Abend noch." Er sei nach dem Seminar nach Hause gekommen und seine Frau habe ihn gefragt, was er denn auf diesem Seminar gelernt hätte. Aus den unterschiedlichsten Gründen sei ein heftiger Streit entbrannt – mit dem Ergebnis, dass seine Frau bitterlich weinend auf dem Sofa saß.

Doch in dieser Situation erinnerte der Seminarteilnehmer sich an das Thema mit dem Perspektivenwechsel. Er sagte zu seiner Frau: „Jetzt trinken wir erst einmal eine Flasche Wein. Ich gehe in den Keller und hole Wein;

hol du doch bitte die Gläser.“ Sie stand auf und ging in ein anderes Zimmer, um die Gläser zu holen. Der Widerstand, das In-der-Situation-gefangen-Sein war plötzlich weg. Durch den Körperhaltungswechsel hatte sie automatisch auch geistig einen Meinungswechsel vorgenommen. Klingt fast zu einfach, aber es funktioniert.

Bevor Sie sich das nächste Mal mit Ihrem Gesprächspartner so richtig streiten, initiieren Sie doch lieber einen räumlichen Wechsel, und wenn es nur so ist, dass Sie auf dem Sofa einen Meter weiter rücken. Besser ist es jedoch, Sie nehmen einen richtigen Ortswechsel vor.

2. Regel: Wirkungsfeedback

Sprache, also auch Körpersprache, will immer etwas bewirken.

Wenn aus irgendeinem Grund die gewünschte Wirkung nicht erfolgt, so wird ein Zwang auf die Umgebung ausgeübt, bis die Wirkung erfolgt.

Dieser Zwang wird unbewusst und vollkommen automatisch ausgeführt. Sie gehen zum Beispiel auf eine Geburtstagsfeier, überreichen ein Geschenk – und der Beschenkte legt es achtlos zur Seite.

Nun ist natürlich die gewünschte Wirkung nicht erfolgt. Sie wollten ja, dass der Beschenkte sich freut. Also legen Sie noch ein paar Briketts nach. Sie sagen: „Dann pack's doch mal aus.“ Er packt es aus und sagt: „Schön“, und legt es wieder zur Seite. Das reicht Ihnen natürlich immer noch nicht. Also fragen Sie: „Gefällt es dir nicht?“

Das Spiel geht solange, bis Sie Ihr Ziel erreicht haben, bis Sie die gewünschte Wirkung erzielt haben und er endlich seine Freude zum Ausdruck bringt.

Der gleiche Prozess läuft natürlich auch in umgekehrter Reihenfolge ab. Wenn Sie wollen, dass sich jemand ärgert, dann werden Sie solange den Druck erhöhen, bis sich der Gesprächspartner endlich auch ärgert, obwohl er dies vielleicht eigentlich gar nicht wollte.

Nachdem Sie nun diese Erkenntnis haben, ist die Konsequenz klar:

Wenn jemand möchte, dass Sie sich freuen, dann zeigen Sie doch gefälligst, dass Sie sich freuen. Wenn Sie jemand ärgern oder verletzten will, dann zeigen Sie doch, dass der Schlag angekommen ist.

Beides hat in keiner Weise etwas damit zu tun, dass Sie sich immer so verhalten sollten, wie es von Ihnen erwartet wird. Aber auf diese einfache Weise können Sie einerseits viel unnötigen, Energie fressenden Streit vermeiden und andererseits viel Freude, sprich Energie, gewinnen.

Kapitel 23

Energiefaktor Nr. 18 – Harmonische, aufbauende Partnerschaft

In diesem Kapitel wollen wir untersuchen, wie eine harmonische, aufbauende Partnerschaft Energie und Power bringen kann.

Sehr häufig sind in diesem Kontext Aussagen zu lesen wie: „Der Lebenspartner macht fünfzig Prozent des Erfolges aus."

Es geht also um Partnerschaft, und das heißt beileibe nicht, dass nur der Partner schafft.

Ein Problem liegt in der Regel darin, dass sowohl der erfolgsorientierte Mensch (der Manager) sich optimieren muss, um in unserer Leistungsgesellschaft nach oben zu kommen (nach dem Motto: entweder es ändern sich die Zahlen oder die Köpfe), als auch dass sein Partner damit klar kommen muss.

In den vorherigen Kapiteln haben Sie viele Tipps und Hinweise erhalten, um sich im wahrsten Sinne des Wortes zu optimieren, zu mehr **M.E.P®** und Power zu kommen. Rekapitulieren wir unsere Erkenntnisse:

- Wir wissen, dass wir ein Produkt unserer Umwelt sind (achtzig Prozent Umwelt, zwanzig Prozent Erbanlagen).
- Wir wissen, dass Gewohnheiten uns steuern (Glasscheiben-Programme).
- Um uns zu optimieren, müssen wir lernen, Prioritäten zu setzen, Ziele zu entwickeln, auch an der richtigen Stelle Nein sagen zu können.
- Wir haben gelernt, dass wir richtig atmen sollen, Sport treiben, uns richtig ernähren müssen.
- Wir entwickeln und optimieren uns wie Hochleistungssportler, denn:

Erfolgreiches Leben ist Hochleistungssport.

Es sind also eine ganze Reihe von Dingen nötig, um uns positiv weiterzuentwickeln. Und das möglichst effektiv und automatisch.

Nun hat sich natürlich auch der Partner angepasst, optimiert, damit er ebenfalls in seinem Bereich klar kommt. Er hat gelernt, den anderen Part (evtl. Kinder, Haushalt,

Tiere) zu managen, er hat sich in diesem Bereich optimiert.

Zusammengefasst gilt für beide Bereiche:

Was man übt, das kann man, und was man kann, das liebt man.

Das Grundproblem jedoch ist, dass der Manager und die Familie in der Regel unterschiedliche Dinge geübt haben. Zwei verschiedene Energiefaktoren sind zu bedenken:

Energiefaktor Nr. 18.1 – Gefährliche Begegnungen

Gefährlich kann es dann werden, wenn unterschiedliche Programme aufeinander treffen. In der Schifffahrt und in der Luftschifffahrt gibt es den Begriff der „gefährlichen Begegnung". Damit sind Beinahezusammenstöße gemeint.

Gefährliche Begegnungen im Alltag, wo sich die Diskrepanz zwischen Manager und der Familie zeigt, treten durchaus häufig auf. Besonders gefährlich sind hier drei Bereiche:

- die Freizeit
- die Sonn- und Feiertage bzw. verlängerte Wochenenden
- der Urlaub

In allen drei Bereichen ist die Situation dadurch gekennzeichnet, dass die Partner bzw. die Familie unter sich sind; Freunde sind rar geworden, denn sie haben in der Vergangenheit das Programm gelernt, dass jedes Mal dann, wenn sie den zaghaften Versuch machen, irgendetwas mit diesem Manager/Familienpaket zu unternehmen, die Antwort kommt: „Keine Zeit." Und irgendwann hatte es auch der Geduldigste gelernt, dass es keinen Sinn hatte, und gab dann auf.

Neue Freunde (die sich ja nicht so leicht finden) wagen es vielleicht nicht, gemeinsame Unternehmungen anzuregen, da sie

1. genau wissen, dass sie dem Anspruch dieses Manager-Ehepaars nicht genügen können (wobei gerade etwas weniger Niveau oder Anspruch dem Manager-Ehepaar gut täte); oder da sie

2. festgestellt haben, dass dieses Manager-Ehepaar es sich überhaupt nicht vorstellen kann, sich spontan zusammenzusetzen und über Gott und die Welt zu reden, da bei einem typischerweise gestressten Manager ja alles geplant sein muss.

Es ergibt sich also eventuell die Situation, dass man die Freizeit zu zweit verbringt. Und hier zeigt sich dann ziemlich schnell und mit Nachdruck die lähmende Unfähigkeit, mit dieser Freizeit umzugehen. Damit ist dieses Manager-Ehepaar restlos überfordert.

Alle anderen würden sich in einer solchen Situation einfach ins Auto setzen und zum nächstbesten Italiener fahren. Das Manager-Ehepaar dagegen sitzt wie gelähmt im Wohnzimmer, überlegt vielleicht auch: „Wir könnten essen gehen“, weiß aber nicht, wohin, und jedes Ziel, das vom anderen vorsichtig genannt wird, taugt sowieso nicht.

Und erstmalig taucht vielleicht ein kleiner Frust auf, dass beide etwas falsch gemacht haben könnten in ihrem Leben.

Nach langen Diskussionen kommen sie zu der Erkenntnis, dass es sinnvoll wäre, etwas zu unternehmen, und fahren in ein Lokal, von dem sie schon oft gehört haben, aber wo sie noch nie selbst waren, um es zu testen.

Natürlich spiegelt sich der ganze Frust, der ganze Stress und die ganze Unfähigkeit, mit der Situation umzugehen, in der gesamten Körpersprache des gestylten Pärchens wider – und entsprechend sind die Reaktionen der Bedienung.

Um es kurz zu machen: Der Abend wird ein Reinfall, das Lokal wird einhellig als ungeeignet befunden, und man ist froh, am nächsten Tag wieder dem gewohnten Trott nachgehen zu können.

Noch schlimmer sind solche Situationen an verlängerten Wochenenden, wie sie in Kombination mit gewissen Feiertagen auftauchen. Man nimmt sich vor:

„Da unternehmen wir dann mal irgendetwas."

Natürlich treffen auch hier wieder höchst unterschiedliche Interessen und Programme aufeinander. Und auf den aller-allerletzten Drücker fällt diesen zum zwangsweisen Zusammensein verdonnerten Menschen vielleicht ein, man könnte ja Freunde einladen oder besuchen, um dann festzustellen (zuvor lange Diskussion, wer denn nun anruft), dass die natürlich alle längst schon etwas geplant haben; schade, schade.

Letztes Ausweichmanöver ist dann das Fernsehprogramm. Denn andere Attraktionen, wie Kinos oder Parks, sind sowieso an solchen Wochenenden total überlaufen (glaubt zumindest diese Spezies Mensch).

Die Kinder spüren die knisternde Spannung, die in der Luft liegt, und versuchen, sich in irgendeiner Weise zu entziehen und sich zu beschäftigen.

Alle Beteiligten sind zumindest willens, gute Miene zum bösen Spiel zu machen, und versuchen krampfhaft, eine schöne Zeit miteinander zu verbringen. Das geht dann häufig eine ganze Weile gut, der angestaute Stress wird bei allen Beteiligten brav unterdrückt, bis letztendlich durch irgendeine Kleinigkeit bei jemandem sozusagen das Faß überläuft, das Maß ist voll. Die explosive und impulsive Reaktion des einen führt beim anderen zu völligem Unverständnis, die Stimmung ist im Eimer, und jeder fühlt sich bestätigt: „Wir haben's schon vorher gewusst, so ein verlängertes Wochenende ist grausig."

Im schlimmsten Falle zieht sich jeder in seine Ecke zurück und hofft, dass die gemeinsame freie Zeit bald vorbei ist.

Steigern wir uns noch um einen Schritt und stellen uns den Manager und seine Familie im Urlaub vor.

Nun handelt es sich bei unserem typischen Manager um eine Person, die sich in vielen Fällen beruflich durchgeboxt hat. Wir können auch sagen, es handelt sich um einen Pragmatiker, einen Macher.

Und ein Pragmatiker, ein Macher, der kann keine zehn oder vierzehn Tage einfach so am Strand liegen. Das sind Leute, die etwas tun müssen. Sich an den Strand zu legen, kommt also nicht in Frage. Zumindest nicht für ihn. Während sich der Partner nach nichts anderem sehnt, als unter dem Sonnenschirm zu liegen und ein gutes Buch zu lesen und einfach einmal die Seele baumeln zu lassen, hetzt er von einer Attraktion zur nächsten. Und ich kann Ihnen versichern, in vielen Fällen hat dieser gestresste Manager nach dem Urlaub wieder irgendeine neue Sportart gelernt.

Richtig problematisch wird es dann, wenn der ganze Tagesablauf komplett verplant wird: Wann stehen wir auf, wann wird gefrühstückt, wann wird zu Mittag gegessen, wann gehen wir mit welcher Gruppe an welchen Tisch, mit welchen Leuten zum Abendessen …

Noch schlimmer wird der Stress, wenn die Kinderbetreuung nicht so richtig funktioniert. Dann sieht sich der Manager häufig in der Situation, sein Versprechen einlösen zu müssen, das er vor dem Urlaub gegeben hat: „Im Urlaub machen wir etwas zusammen, wir unternehmen etwas gemeinsam."

Der Manager sagt sich: „Okay, ich stehe zu meinem Wort"; er ist zwar voll guten Willens, aber überfordert. Und er bewundert die anderen, die den ganzen Tag über ihre Kinder toll beschäftigen und mit ihnen etwas zusammen machen. Aber auch die Kinder lernen und stellen sehr schnell fest: „Er bemüht sich zwar, aber es funktioniert nicht."

Fazit dieses Szenarios ist: Eigentlich bräuchten alle Urlaub nach diesem Urlaubsstress.

Energiefaktor Nr. 18.2 – Lösungsstrategien

Ich habe nun mit einem zwinkernden Auge die Seite des Managers und auch die der übrigen Familienmitglieder beleuchtet.

Tipps für solche „gefährlichen Begegnungen“, eine pauschale Lösung zum Thema „Manager und Familie“ will ich hier nicht geben, dafür ist der gesamte Themenbereich viel zu komplex. Überdies ist er stark durch Emotionen geprägt, im Klartext: er ist abhängig von der jeweiligen Persönlichkeit und dem Miteinander.

Deswegen möchte ich Ihnen ernsthafte Anstöße vermitteln, wie es besser gehen kann.

Ich denke, der wichtigste Lösungsansatz besteht zunächst darin (und den ersten Schritt haben Sie ja bereits mit dem Kauf dieses Buches getan), dass Sie sich bewusst werden, dass der Manager und die übrigen Familienmitglieder unterschiedliche Programme in sich tragen, also unterschiedlich konditioniert sind, unterschiedlich funktionieren.

Und alleine diese Erkenntnis wird Ihnen gewaltig helfen, den Partner zu verstehen; ausgestattet mit einer guten Portion Humor und Nachsicht wird es Ihnen gelingen, die Spitze aus vielen spannungsgeladenen Situationen herauszunehmen.

Lösungsstrategie Nr. 1: Offener Informationsfluss

Ich gehe im Folgenden davon aus, dass Sie in einer Partnerschaft leben und Sie und Ihr Partner/Ihre Partnerin unterschiedlichen Tätigkeiten nachgehen. Wichtig in dieser Konstellation ist, dass Sie sich gegenseitig in Ihre Lebenssituation einbeziehen.

Damit ist nicht gemeint, dass Sie, wenn Sie abends zusammen sind, sich gegenseitig überfordern und den anderen zutexten mit all den Dingen, die während des Tages schief gelaufen sind.

Damit ist vielmehr gemeint, dass Sie den Partner wirklich in allen Bereichen offen und ehrlich an Ihrem Leben teilhaben lassen. Er ist schließlich Ihr Lebenspartner.

Ich selbst habe es jahrelang falsch gemacht, nicht wider besseres Wissen, sondern in der Meinung, es richtig zu machen. So nach dem Motto:

„Mach du deine Sachen, ich mach meine; ich will dich nicht noch mit meinen Problemen belasten, du hast mit deinem genug; ich werde schon damit fertig."

Genau diese Strategie war falsch. Und anstatt meine Erfolge und Misserfolge, mein Seelenleben dem Partner anzuvertrauen, habe ich ihn schützen wollen, habe ich mich in meine Ecke zurückgezogen; und wenn es ganz schlimm war, konnte ich mich wunderbar tagelang ausschweigen.

Als ich dann später meine Frau mit einbezogen habe, machte ich die Erfahrung dass es mir erstens selbst viel besser ging, zweitens die Partnerin endlich wusste, was los war, und es in der Folge auch ihr besser ging. Vorher war es eher so, dass meine Frau – des Gedankenlesens wie jeder Sterbliche nicht mächtig – alles Mögliche vermutet hatte: von finanziellen Problemen bis hin zum Fremdgehen. Jetzt ist es so, dass einerseits ich von ihr Unterstützung bekomme und durch aufbauende Worte motiviert werde; auf ihren seelischen Beistand kann ich fest bauen. Andererseits fühlt auch sie sich ermuntert, Dinge, die sie bewegen, offen anzusprechen, und auch Gefühle offen zu zeigen.

Dieses Vorgehen fördert einen wirklich offenen Dialog, der allerdings nur auf der Basis einer stabilen und positiven emotionalen Beziehung gedeihen kann.

Alle, die sich vielleicht mit der Lösungsstrategie Nr. 1 schwer tun, kann ich nur ermuntern: Probieren Sie es einfach mal eine Weile aus. Sie werden feststellen: Nicht der scheinbare Schutz fördert Ihre Beziehung, sondern der offene (auch emotionale), ehrliche Dialog.

Lösungsstrategie Nr. 2: Den Partner an der Persönlichkeitsentwicklung teilhaben lassen

Wenn in einer Partnerschaft nur einer von beiden sich weiterentwickelt – und dies ist häufig ja der Manager durch seinen Beruf, durch die heutzutage notwendige kontinuierliche Weiterbildung etc. – und der Partner eben nicht, dann driften diese beiden Persönlichkeiten unweigerlich auseinander.

Deswegen ist es sehr wichtig, den anderen teilhaben zu lassen an der eigenen Persönlichkeitsentwicklung, ihn einmal mitzunehmen zu Persönlichkeitsschulungen, Events, Feierlichkeiten. Überdies machen solche Veranstaltungen auch weit mehr Spaß, wenn man sie gemeinsam erleben und teilen kann.

Lösungsstrategie Nr. 3: Für Abwechslung sorgen

Wir haben bisher bei den Lösungsstrategien über die beiden Bereiche Arbeit und Privatleben gesprochen. Der dritte Bereich, in dem es gilt, neue Ansätze zu finden, ist der Freizeitbereich.

Planen Sie Ihre Freizeit bewusst und gezielt, so wie Sie berufliche, geschäftliche Aktivitäten auch planen. Planen Sie Abwechslung.

Seien Sie kreativ in Ihren Beziehungen zum/r Partner/in, zur Familie und zu Freunden. Planen Sie Theater- oder Konzertbesuche. Planen Sie besondere Aktivitäten in der Freizeit, sorgen Sie für Abwechslung, geben Sie der destruktiven Eintönigkeit keine Chance.

Lösungsstrategie Nr. 4: Jedem seine Ecke lassen

Gerade in unserer hektischen Zeit, in der die Informationsflut so hoch ist, dass wir nicht mehr in der Lage sind, diese richtig zu verarbeiten oder zu filtern, ist es wichtig, dass jeder seine eigene kleine private Ecke hat.

Jeder sollte diese Rückzugsmöglichkeit haben, wo er in Ruhe sinnieren kann und für sich ist, ein Buch liest oder schöne Musik hört.

Diese private Ecke, die sollten Sie sich gegenseitig auch im Urlaub zugestehen. Und sie kann auch darin bestehen, dass Sie einer sportlichen Betätigung nachgehen. Es ist der Platz, die Zeit, die Sie ganz allein für sich zur Verfügung haben und nutzen können, ohne dabei ein schlechtes Gewissen haben zu müssen.

Lösungsstrategie Nr. 5: Privat heißt privat

Unser Leben besteht in der Regel aus den Bereichen Arbeit, Freizeit und Privatleben, und es ist wichtig, diese auseinander zu halten. Dabei bedarf der Privatbereich in besonderem Maße eines sorgsamen Schutzes.

In den Freizeitbereich kann ohne weiteres auch einmal ein Geschäftsessen gelegt werden, so dass sich die beiden Sphären Freizeit und Arbeit eventuell vermischen.

Wenn jedoch die Arbeit permanent in den Privatbereich hineinwächst, dann führt dieses zu einer gewaltigen

Störung der Privatsphäre – und damit zu einer Störung der harmonischen Partnerschaft. Hilfsmittel und Möglichkeiten der Absprache gibt es hierfür genügend.

Einfachstes Instrument ist der Anrufbeantworter, oder man verwendet eine Telefonnummer, die nicht öffentlich bekannt gemacht wird.

Lösungsstrategie Nr. 6: Nicht mehr scheinen als sein

Gerade im gesellschaftlichen Bereich gibt es sehr viel Stress und Konkurrenz. Es wird immer Leute geben, die vielleicht ein größeres Haus haben, ein größeres Auto fahren; die teureren Schuhe oder ein teureres Kostüm oder wertvolleren Schmuck tragen; die einen höheren sozialen Status haben.

Wichtig bei all dem ist: sich nicht noch zusätzlichen Stress aufzubauen, sondern sich so zu geben, wie man ist.

Kapitel 24

Energiefaktor Nr. 19 – Unsere Gedanken über andere

Die Gedanken, die wir uns über andere machen, sollen etwas mit Energie zu tun haben? Theoretisch ist es doch völlig egal, was wir über andere Menschen und Dinge denken. Die anderen merken es doch sowieso nicht – sollte man meinen.

Wie Sie jedoch im ersten Kapitel dieses Buches gelesen haben, ist alles Energie, ist alles Schwingung. Auch Ihre Gedanken sind Energie.

Weiterhin haben Sie gelesen, dass Energie sich nicht vernichten, sondern sich höchstens umwandeln lässt.

Wenn Sie also einen Gedanken formen, dann haben Sie mit diesem Gedanken Energie entwickelt, und diese Energie ist natürlich nicht weg.

Bevor wir untersuchen, was mit dieser Energie passiert, benötigen wir zum besseren Verständnis noch ein physikalisches Gesetz:

Aktion = Reaktion

Jede Aktion ruft eine Reaktion hervor.

Wenn Sie z. B. mit achtzig Kilogramm auf den Stuhl, auf dem Sie gerade sitzen, drücken, dann drückt dieser Stuhl exakt mit achtzig Kilogramm zurück. Schafft der Stuhl das nicht, dann bricht er zusammen, er muss nachgeben.

Wenn Sie einen Gedanken über einen Mitmenschen denken, dann wird dieser Gedanke etwas bewirken, und zwar exakt bei diesem Mitmenschen.

Natürlich können Sie jetzt fragen, wie kommt die Information von A nach B, und dies sogar unabhängig von der Entfernung.

Doch dieser Informationsfluss ist nicht messbar (zumindest haben wir noch kein Messgerät für diese Informationen). Es lässt sich nicht elektronisch, magnetisch, chemisch oder dergleichen messen.

Damit Sie mir dennoch glauben, hier ein paar einfache Beispiele:

Aus der Zeit des Zweiten Weltkriegs gibt es zahlreiche Aufzeichnungen, die belegen, dass Mütter den genauen Todeszeitpunkt ihres Sohnes, der an der Front kämpfte, erspürten. Und dies bewies sich später tatsächlich als Fakt.

Zufall? Sicher nicht. Irgendwie ist diese Information von A nach B gekommen.

Oder Sie sitzen an Ihrem Schreibtisch und überlegen sich, dass Sie Ihren alten Studienkollegen, den Sie schon über zwei Jahre nicht mehr gesprochen haben, einmal anrufen könnten. Eine halbe Stunde später ruft Ihr alter Studienkollege Sie an, und Sie sagen: „Das gibt's doch gar nicht, eben habe ich gedacht, ich rufe dich einmal an."

Zufall? Sicher nicht.

Ich denke, den meisten Lesern sind solche scheinbaren Zufälle bekannt.

Messen können wir diese Zusammenhänge nicht, lediglich damit erklären, dass Energie sich nicht vernichten lässt und dass *Aktion = Reaktion* ist.

Manche versuchen, diese Zusammenhänge mit dem so genannten Kollektivbewusstsein, das alle Menschen miteinander verbindet, zu erklären. Dieses kann ich weder bestätigen noch dementieren.

Es spielt auch keine Rolle, solange wir uns nur der Konsequenzen dieses Phänomens bewusst werden.

Wenn wir davon ausgehen, dass unsere Gedanken etwas bewirken, dann können wir es uns ganz einfach nicht leisten, schlecht über andere zu denken.

Irgendwie kommen unsere Gedanken immer wieder zu uns zurück.

In der Bibel steht: „Liebe deinen Nächsten wie dich selbst", und in der Steigerung: „Liebe deine Feinde."

Und genau das sollten wir tun, und zwar nicht zuletzt aus purem Egoismus heraus.

Wenn wir gut über unsere Mitmenschen, selbst über unsere Gegner oder Feinde, denken, dann bekommen wir diese positive Energie auch wieder zurück.

Denn:

Wir ernten, was wir säen – auch mit unseren Gedanken.

Ernten Sie also lieber positive Energie, indem Sie positiv über Ihre Mitmenschen denken.

Ein weiterer Punkt ist, dass Sie sich nicht mit anderen vergleichen sollten, denn auch das kostet Energie. Wir sollten also auch hier unser Denken bewusst kontrollieren.

Übung Nr. 16:

Versuchen Sie doch einmal, die Personen, die wichtig in Ihrem Leben sind, mit intensiven positiven Gedanken zu versehen.

Ich kann Ihnen versichern, Sie erhalten eine Reaktion, wenn auch nicht immer sofort; aber selbst wenn es zwei Monate dauern sollte, die Reaktion kommt.

Ich freue mich über jedes Feedback von Ihnen zu diesem Experiment.

Kapitel 25

Energiefaktor Nr. 20 – Emotionale Intelligenz

Wie Sie bereits im Anfangskapitel gelesen haben, besteht das Menschliche Energie-Potenzial, kurz **M.E.P**®, aus Energie und potenzieller Intelligenz.

Potenzielle Intelligenz wiederum setzt sich aus rationaler und emotionaler Intelligenz zusammen.

Zum Thema rationale Intelligenz gibt es viele Untersuchungen und eine Vielzahl von umstrittenen Tests. Intelligenz, wenn Sie anhand der Bewältigung bestimmter Aufgaben gemessen wird, ergibt einen Intelligenzquotienten, kurz IQ.

Doch diese gemessene Intelligenz bestimmt noch lange nicht den Erfolg im Leben, sonst müssten die Personen mit einem hohen Intelligenzquotienten eindeutig die erfolgreicheren Menschen sein.

Wahrscheinlich kennen Sie selbst Fälle, die dies belegen: So z. B. der Klassenbeste in der Schule, der später ein frustrierter Lateinlehrer oder promovierter Taxifahrer geworden ist, während der Klassenkamerad, der nur mit schlauen Tricks die Klassenarbeiten schaffte oder sogar eine Wiederholungsrunde drehen musste, heute sein eigenes Firmenimperium leitet.

Um erfolgreich zu sein, müssen also rationale und emotionale Intelligenz zusammenhelfen.

Der Begriff „Emotionale Intelligenz“ wurde 1995 durch den Psychologen Daniel Goleman sehr populär, insbesondere durch sein gleichnamiges Buch.

Für Goleman bestimmt der EQ noch stärker als der IQ, ob jemand Erfolg in seinem Leben hat.

Er analysierte über 500 Firmen und kristallisierte eindeutig die emotionale Intelligenz als Erfolgsfaktor im Beruf heraus. Sachverstand und IQ sind quasi nur als Basisvoraussetzungen zu betrachten.

Umso höher jemand die Karriereleiter aufsteigt, bis hin zu Top-Führungspositionen, desto mehr wird seine emotionale Intelligenz gefordert.

Hier scheidet sich dann die Spreu vom Weizen.

Emotionale Intelligenz lässt sich an folgenden Merkmalen erkennen:

- Eigene Emotionen erkennen und Gefühle bewusst wahrnehmen.
- Eigene Stimmungen regulieren, seine Gefühle managen.
- Impulsive Reaktionen unterdrücken, Belohnungen hinausschieben.
- Sich selbst motivieren, nach Enttäuschungen nicht aufgeben.
- Soziale Beziehungen nutzen, mit den Emotionen anderer gut umgehen.
- Überzeugend und charmant wirken.
- Mit anderen mitfühlen können (Empathie).

Lassen Sie mich in diesem Zusammenhang den bibilischen König Salomo zitieren:

„Mein Sohn, achte auf deine Gedanken und Gefühle, denn Sie beeinflussen dein ganzes Leben."

Statt Gedanken und Gefühle können wir hier auch sagen: rationale und emotionale Intelligenz.

Wichtig ist also für uns, dass wir auf unsere Gefühle achten und diese in unsere Entscheidungsprozesse mit einbeziehen.

Oft sage ich zu meinen Kindern:

„Entscheidet nach eurem Gefühl, selbst wenn ihr nicht in der Lage seid, diese Entscheidung rational zu erklären.“

Sehr häufig scheitern wir, wenn wir versuchen, die emotionale Intelligenz mit unserer rationalen Intelligenz zu erklären. Und auf diese Weise behindern wir uns selbst am Erfolg und nehmen uns Energie.

Achten Sie also verstärkt auf Ihre Gefühle und auf die Gefühlswelt Ihrer Mitmenschen.

Kapitel 26

M.E.P® – Energie und Intelligenz

Im Anfangskapitel habe ich aufgezeigt, dass das Menschliche Energiepotenzial aus Energie und aus potenzieller Intelligenz besteht.

Über die Möglichkeiten, wie Sie viel Energie in Ihrem Leben gewinnen und mit diesen Maßnahmen gleichzeitig unnötige Energiefresser eliminieren, haben Sie in den vorhergehenden Kapiteln eine ganze Menge erfahren.

Wenn Sie nur einige der Hinweise und Tipps in die Praxis umsetzen, werden Sie viel mehr Energie entwickeln. Sie werden Energiefresser leichter entlarven und wirksame Prävention betreiben.

Wir haben uns in einigen Kapiteln auch mit Ihrem Denken auseinander gesetzt. (Viele Faktoren bedingen einander.) Nun sollten Sie Ihre Energie auch in die richtigen Bahnen lenken können.

Wir hatten uns im Kapitel „Ziele" bereits vor Augen geführt, dass wir unsere Lebensplanung sehr gut mit der Vorgehensweise eines Kapitäns vergleichen können.

Nehmen wir dieses Bild wieder auf und betrachten uns als Kapitän unseres Lebensschiffes:

Sie stehen auf der Kommandobrücke und geben die entsprechenden Anweisungen an den Maschinenraum. Wenn Sie die Anweisungen zur Energiegewinnung bisher einigermaßen umgesetzt haben, dann laufen Ihre starken Dieselmotoren im Maschinenraum wie geschmiert. Sie sind in der Lage, richtig Leistung zu bringen, so richtig Energie zu entwickeln. Aber es ist natürlich auch die Anweisung nötig, ob das Schiff volle Kraft voraus fahren soll oder vielleicht eher rückwärts.

Diese Instruktion kommt vom Kapitän. Der Kapitän steht auf der Kommandobrücke und erhält alle zur Verfügung stehenden Informationen. Er wird u. a. über die Geschwindigkeit, Untiefen, Wetterlage, Strömungen informiert; er plant, denkt und trifft Entscheidungen. Hierfür nutzt er alle Informationen, an die er herankommen kann. Sind die Maschinen in Ordnung? Was sagt z. B. der Navigator, der Funker?

Mit seinen Anweisungen dirigiert der Kapitän letztendlich die Maschine und das Ruder.

Wenn Sie schon einmal die Gelegenheit hatten, ein Schiff von unten zu betrachten, wird Ihnen vielleicht aufgefallen sein, wie erstaunlich klein das Ruder im Verhältnis zum gesamten Schiff ist. Dennoch wird durch die Bewegung des Ruders die Fahrtrichtung bestimmt.

Genauso verhält es sich mit Ihrem Lebensschiff.

Um wirklich die richtigen Anweisungen zu geben, sollten wir es im Prinzip genauso machen wie ein professioneller Kapitän. Das bedeutet, wir sollten erst dann eine Anweisung geben, wenn wir alle Faktoren berücksichtigt haben.

Das heißt für Sie konkret, dass Sie nicht nur die Auswertungen Ihrer rationalen Intelligenz berücksichtigen, sondern Ihre gesamte potenzielle Intelligenz, also rationale *und* emotionale Intelligenz, einsetzen sollen.

Bevor Sie eine Entscheidung treffen (und Sie wissen, wenn die Dieselmotoren einmal richtig laufen, dann laufen sie), sollten Sie sich fragen: Hallo, stopp – habe ich alle Informationen?

Was sagt mein Verstand, was sagt mein Gefühl? Ist beides miteinander in Einklang zu bringen?

Wenn Sie auf diese Weise Ihre gesamte Energie steuern, kann Sie kaum noch etwas bremsen.

Kapitel 27

M.E.P® und Glücklichsein

Nun, zu Beginn des Buches habe ich Ihnen versprochen, dass wir mit viel **M.E.P®** auch glücklicher sind.

Wenn Sie die einzelnen Kapitel in diesem Buch bis hierher beherzigt haben, ergibt sich das von selbst. Dann haben Sie wahrscheinlich Ihr Leben schon gewaltig umgekrempelt. Vielleicht fühlen sie sich schon wesentlich vitaler, weniger gestresst und voller Power.

Haben Sie schon einmal bewusst spielende Kinder beobachtet?

Sie leben hundertprozentig im Hier und Jetzt, versunken in den Augenblick. Voller Phantasie, voller potenzieller Intelligenz (nicht nur rationaler Intelligenz). Voller Energie, ohne Müdigkeit, ohne Energiefresser.

Schon oft habe ich mich bei dem Gedanken ertappt:

„So voller Energie, wie es Kinder sind, wäre ich auch gerne, so voll ungetrübten Glücks des Augenblicks.“

Vielleicht hätte ich das Buch abkürzen können und ganz einfach postulieren sollen:

„Werdet wie die Kinder – und Ihr seid voller ***M.E.P®*** *und fühlt euch glücklich!“*

Einen hundertprozentigen Weg zum absoluten Glück gibt es auf dieser Welt nicht, aber wenn Sie die Anregungen und Tipps aus diesem Buch in die Praxis umsetzen, haben Sie schon ziemlich viel getan.

Sie werden sich wesentlich glücklicher fühlen. Aber beachten Sie:

Alles, was über dieses mögliche Stadium der inneren Zufriedenheit, Ruhe und Glück hinausgeht, übersteigt das Menschenmögliche. Eine große Hilfe kann aber tiefer Glaube sein. Daher meine Empfehlung:

Lesen Sie die Bibel!

Zehn Wegweiser zum Erfolg

1. *Ich interessiere mich mehr für meine Mitmenschen. Ich werde Niemandem mit Unfreundlichkeit begegnen. Die Zustimmung, die ich dadurch ernte, gibt mir mehr Lebenskraft.*

2. *Ich stelle mich fest auf meine eigenen Füße. Ich werde mich nicht mehr selbst bemitleiden oder herabsetzen.*

3. *Ich setze jeder Anspannung in meinem Leben eine entsprechende Entspannung entgegen. Ich finde immer wieder in mein natürliches Gleichgewicht zurück.*

4. *Ich werde jeden Abend den bevorstehenden Tag schriftlich planen. Mein Unterbewusstsein arbeitet bereits in der Nacht an der Umsetzung des Plans.*

5. *Ich werde Tag für Tag mehr Begeisterung entwickeln. Begeisterung heißt: Vertrauen in die Tat. Mit Begeisterung reiße ich meine Mitmenschen mit.*

6. *Ich konzentriere mich einzig und allein auf eine vor mir liegende Aufgabe. Dadurch bündele ich meine Energie wie einen Laserstrahl und vermeide unnötige Energieverluste.*

7. *Ich lasse meine Ströme fließen, damit es zu keiner „Überschwemmung" kommt. Bei jeder sich mir stellenden Aufgabe gebe ich mein Bestes.*

8. *Ich halte ständig nach neuen Chancen Ausschau und warte nicht, bis mir eine günstige Gelegenheit in den Schoß fällt. Mein eigener Blick ist nicht mehr mit Tränen des Selbstmitleids gefüllt. Ich sehe meine Chancen besser.*

9. *Ich suche nach jedem Rückschlag nach neuen Siegeschancen.*

10. *Ich werde jeden Abend meine guten Leistungen des Tages bewerten. Dadurch gerate ich im Laufe der Zeit automatisch in eine positive Erfolgsspirale.*

Jeden Tag, jede Minute habe ich die Chance neu anzufangen!

Nachwort

Ursprünglich hatte ich geplant im Anhang dieses Buches noch eine Checkliste zur Kontrolle Ihres **M.E.P**® anzufügen.

Dies würde eindeutig zu umfangreich.

Aus diesem Grunde haben wir zur Thematik „Power ja, Stress nein" einen detaillierten **M.E.P**®-Test mit individueller Auswertung entwickelt, den Sie im Internet unter www.pfeifer-seminare.de abrufen können. Dazu sind Sie recht herzlich eingeladen.

Liebe Leserin, lieber Leser, Sie haben sich bis zu dieser Stelle durch dieses Buch hindurchgearbeitet. Sie haben eine ganze Reihe praktischer Tipps, Übungen und Anleitungen erfahren, die Ihr Leben und Ihre Lebensqualität gewaltig verbessern. Wenn Sie sich an die Tipps und Hinweise in diesem Buch halten und sie umsetzen, werden Sie sich glücklicher und vitaler fühlen.

Damit das auch in der Praxis eintritt – und das liegt mir sehr am Herzen – noch eine letzte Empfehlung:

Fangen Sie sofort an! Gleichgültig wie viele oder welche Anregungen Sie dem Buch entnehmen, wichtig ist es, dass Sie mit der Umsetzung sofort beginnen. Andernfalls wird nämlich Ihr neu erworbenes Wissen sofort in Vergessenheit geraten. Spätestens nach drei Tagen geht die Wahrscheinlichkeit, dass Sie danach noch eine aktive Umsetzung in Angriff nehmen, gegen Null.

Deswegen sollten Sie sich sofort (zumindest innerhalb der nächsten drei Tage) einen konkreten Punkt oder eine Übung aus diesem Buch in Ihr Zeitplanbuch eintragen (oder an den Memoblock am Kühlschrank o. ä.), damit Sie daran erinnert werden. Am besten ist, alle drei Wochen einen neuen Impuls zu setzen und diesen Impuls drei Wochen lang (bis zum nächsten Impuls) zu trainieren.

Wenn Sie auf diese Art und Weise nacharbeiten, wird Ihr Leben „meppig". Freuen Sie sich auf eine positive Veränderung Ihrer Lebensqualität.

Ich wünsche Ihnen ein erfolgreiches Leben voller Vitalität und ohne Stress.

Ihr Helmut Pfeifer

Literaturverzeichnis

Richard Bach
„Die Möwe Jonathan"
Ullstein
Berlin 1972

Vera F. Birkenbihl
„Das neue Stroh im Kopf"
mvg-verlag
Landsberg 2000

Vera F. Birkenbihl
„Das Birkenbihl ALPHA-Buch"
mvg-verlag
Landsberg 2000

Dale Carnegie
„Wie man Freunde gewinnt. Die Kunst, beliebt und einflußreich zu werden"
Scherz
München 1999

Alexander Christiani
„Weck den Sieger in Dir"
Th. Gabler
Wiesbaden 2000

Robert B. Cialdini
„Die Psychologie des Überzeugens“
H. Huber
Göttingen 1997

Mihaly Csikszentmihalyi
„Flow: Das Geheimnis des Glücks“
Klett-Cotta
Stuttgart 1999

Dr. Wayne W. Dyer
„Sie sollten nach den Sternen greifen“
mvg-verlag
Landsberg 1987

René Egli
„Das Lol²a Prinzip oder Die Vollkommenheit der Welt“
Edition d'Olt
Oetwil 1999

Nikolaus B. Enkelmann
„Mit Freude leben. Der Weg zu Glück und Erfolg“
mvg-verlag
Landsberg 2000

John Gray
„Mars liebt Venus, Venus liebt Mars“
Goldmann
München 1998

Rolf-Michael Hahn/Nicolai Stickel
„Richtig miteinander reden"
mvg-verlag
Landsberg 2000

Manfred Helfrecht
„Planen, damit's leichter geht – Teil 2"
Helfrecht Verlag
1984

Eugen Herrigel
„ZEN in der Kunst des Bogenschießens"
O. W. Barth
München 1997

Gabriele Kautzmann
„Das Wunder im Kopf"
Zabert Sandmann
München 1999

Josef Kirschner
„Die Kunst, glücklich zu leben. Wie man lernt, seine Probleme selbst zu lösen"
Droemer
München 1990

Gustave LeBon
„Psychologie der Massen"
Kröner Verlag
Stuttgart 1982

Og Mandino
„Der beste Verkäufer der Welt“
Norman Rentrop Verlag
Bonn 1995

Andrew Matthews
„So geht's Dir gut“
VAK, Verlag für angewandte Kinesiologie
Kirchzarten 2000

Samy Molcho
„Körpersprache im Beruf“
Goldmann
München 1997

Mario Ohoven
„Die Magie des Powerselling. Die Erfolgsstrategie für perfektes Verkaufen.“
mi-verlag
Landsberg 1999

Klaus Pawlowski/Hans Riebensahm
„Suggestion“
Rowohlt
Reinbek 2000

Anthony Robbins
„Das Robbins Power Prinzip. Wie Sie Ihre wahren inneren Kräfte sofort einsetzen.“
Heyne
München 1998

Myron Rush
„Die Persönlichkeit des Managers"
Schulte u. Gerth Verlag
1992

Friedemann Schulz von Thun
„Miteinander reden, Teil 1–3"
Rowohlt
Reinbek 1981

Claude Steiner
„Emotionale Kompetenz"
dtv
München 1999

Dr. med. Ulrich Strunz
„Forever young"
Gräfe und Unzer
München 1999

Jack Welch
„Business is simple"
mi-verlag
Landsberg 1997

Horst Wienand
„Unsere alltäglichen Süchte"
Alpha-PSI Verlag
Bad Homburg 1994

Stichwortverzeichnis

Pfeifer
SEMINARE +
CONSULTING

Untere Seestrasse 124
88085 Langenargen
Tel. 07543 - 9322-3
Fax. 07543 - 9322-44
e-mail info@pfeifer-seminare.de
www.pfeifer-seminare.de

Sie glauben, Sie haben schon alles erlebt...?

Erleben Sie Helmut Pfeifer!

Erleben Sie Ihr "N.S.M."!

Pfeifer
Edition• • • •
• • • • Shop

Pfeifer
MEP TEST
Testen Sie Ihr
Energiepotential